La vie
après
la mort

Distribution: Messageries de Presses Benjamin
9600, rue Jean-Milot
LaSalle (Québec) H8R 1X7

La vie après la mort

Des expériences hors du commun racontées
par ceux qui les ont vécues

Par **France Gauthier**,

LES ÉDITIONS LA SEMAINE

Une division des Publications Charron & Cie Inc.
1080, côte du Beaver Hall, bureau 904,
Montréal (Québec) H2Z 1S8

Éditeur: Claude J. Charron
Directeur des éditions: Claude Leclerc
Directeur des opérations: Réal Paiement
Directeur de la création: Éric Monette
Directeur artistique: Éric Béland

Coordonnateur du projet: Roger Lambert
Superviseure de la production: Lisette Brodeur
Assistants-contremaîtres: Steve Paquette, Monik Tardy
Infographistes: Dominic Bellemare, Nancy Corriveau
Réviseure en chef: Françoise Le Grand
Réviseurs-correcteurs: Marilyne Blondel, Jean-François Bourdon,
Alexis L'Allier, Sara-Nadine Lanouette, Christian Marcoux
Scanneristes: Patrick Forgues, Bruno Henry, Éric Lépine

Crédits photographiques: Jean-Luc Barmaverain, Marie-France
Beaudry, Mélissa Dinel, Thomas Dufresne, Pierre Dury, Georges
Dutil, Christian Gomez, Stéphanie Lefebvre, Aurelia Louise Jones,
Denis Lemelin, Carl Lessard, Nancy Lessard, Massimo,
Rodolf Noël, Anique Poitras, Radio-Canada, Charles Richer,
François Tifu, Sylvain Tremblay

© Charron Éditeur Inc. 2006
Dépôt légal: deuxième trimestre 2006
Bibliothèque nationale du Québec
Bibliothèque nationale du Canada
ISBN: 2-923501-04-7

MERCI

Merci d'abord à Claude J. Charron de m'avoir proposé cette série d'articles seulement parce qu'il trouvait que «quand c'est toi qui en parles, ça a l'air crédible»!

Merci à Claude Leclerc, directeur chez Charron Éditeur, à Alain Menier, rédacteur en chef du magazine *La Semaine*, et à Jean-François St-Michel, chef de pupitre de la même publication, qui sont toujours si enthousiastes devant ce que d'autres qualifieraient illico de «projets de fous»!

Merci à tous ces gens qui, chaque semaine, me livrent avec passion leurs témoignages percutants.

Un merci tout particulier à vous, lecteurs, d'apprécier tellement ces entrevues que ça nous donne le goût de continuer. Et à tous les autres, bonnes découvertes!

France Gauthier,
Journaliste

À vous tous, qui êtes en
pleine expansion
de conscience

PROLOGUE

Quand Claude J. Charron m'a demandé en janvier 2005 de signer des entrevues sur la vie après la mort dans son tout nouveau magazine *La Semaine*, je croyais sincèrement que l'aventure ne durerait que trois, peut-être quatre mois… si on était chanceux. Mais en cette période charnière de notre évolution, où une grande partie de la population manque cruellement de repères, j'avais largement sous-estimé cette source intarissable de sujets fascinants à traiter. En fait, jamais je n'aurais pu imaginer que tant de gens crédibles vivaient autant d'expériences toutes plus exceptionnelles les unes que les autres. Et je ne vois plus le jour où ça va s'arrêter! Cinquante entrevues et des poussières plus tard, je suis toujours émerveillée par l'immense ouverture d'esprit des Québécois, ceux que je rencontre chaque semaine pour le magazine, bien sûr, mais aussi des nombreux lecteurs qui nous écrivent dans le but de partager leurs propres expériences ou pour obtenir des références.

Dans ce livre, c'est exactement ce que vous trouverez. Un partage d'expériences hors du commun vécues par des artistes, des spécialistes et des gens qui ne sont ni des vedettes ni des experts, mais qui ont le grand mérite de raconter leur histoire dans le seul but de briser des tabous et de nous faire découvrir de nouveaux horizons. Vous trouverez aussi des références d'auteurs qui ont écrit sur les différents sujets traités, notamment les expériences de mort imminente (EMI), les entretiens avec des personnes décédées, les voyages astraux ou encore la communication avec des êtres d'autres dimensions. Vous pourrez également consulter la liste des médiums que j'ai découverts au cours de ces entrevues et qui pratiquent leur métier avec la plus grande authenticité (il ne s'agit cependant que d'un échantillonnage très restreint). Évidemment, ces gens ne sont pas infaillibles, mais leurs facultés psychiques ne font plus de doute en ce début de troisième millénaire. Depuis des années, la médiumnité fait l'objet d'innombrables recherches dont vous aurez également un aperçu dans les entrevues faites avec plusieurs scientifiques. Au fil de votre lecture, vous aurez des révélations sur les phénomènes des vies antérieures, de la cinquième dimension, de la réincarnation et des forces insoupçonnées des êtres humains qui se manifestent grâce aux rêves, à la télépathie, aux visions qui défient le temps et l'espace, au magnétisme ou encore à la canalisation d'entités désincarnées. Pour chacune des personnes interrogées, ou presque, nous avons ajouté des liens Internet, des adresses courriel ou des numéros de téléphone qui vous permettront d'aller plus loin dans vos démarches, si vous le désirez.

Par ailleurs, autant je trouve mon travail pour *La Semaine* inspirant et lumineux, autant j'ai vécu des moments troubles quand j'ai abordé le phénomène de l'exorcisme; en tout, sept articles sont consacrés à des cas dits de «possession» à la fin de ce recueil. Ces entrevues n'étaient pas prévues à mon programme. Toutefois, pour une raison inexpliquée (qui ressemble à un cas flagrant de synchronicité!), de nombreux témoins se sont manifestés pour corroborer les faits qu'on portait alors à mon attention. Dans l'esprit d'une journaliste, quand deux policiers et une ambulancière de métier racontent la même histoire saisissante sans s'être consultés au préalable, et ce, 10 ans après les événements, ça devient un fait vérifié de sources sûres! Sans tout comprendre du pourquoi et du comment, j'ai tenté par la suite de trouver quelques réponses à mes questions en opposant deux visions bien distinctes de ce phénomène, celle de l'Église catholique et celle des adeptes de la doctrine spirite. Et j'aurais pu en aborder plusieurs autres.

Au cours de toutes ces rencontres, j'ai voulu permettre à chacun de s'exprimer librement, sans porter de jugement, en laissant aux lecteurs le soin de se faire une opinion par eux-mêmes. Évidemment, j'ai parfois mes doutes et mes réserves. Il m'arrive même de grincer des dents quand j'entends certaines affirmations qui ne correspondent pas du tout à mes valeurs. Mais je trouve extrêmement important de ne pas le laisser paraître, considérant que chacune des personnes que j'interviewe me fait suffisamment confiance pour se mettre à nu devant le grand public en partageant ses convictions les plus intimes. Parce que j'ai appris au fil du temps, surtout au cours de mes deux dernières années de recherches intensives sur le sujet de la vie après la mort, que tout est possible. Tout. Vraiment. Devant ce simple fait, je m'incline et laisse les acteurs de cette grande pièce de théâtre qu'est le monde dans lequel on évolue nommer et interpréter ce qu'ils vivent. Par le fait même, je vous laisse le soin de prendre ce qui vous fait du bien tout en mettant de côté ce qui vous convient moins.

En terminant, je tiens à partager avec vous une prière reçue par Mélanie, une amie médium. Pourquoi? Parce qu'il s'agit d'un très bel exercice, hors dogme, de non jugement. Pour vous mettre en contexte, Mélanie a obtenu cette prière, par écriture automatique, d'une entité qui dit être Simon Pierre, l'apôtre de Jésus-Christ. Est-ce vrai? Ah! là est la grande question! Je n'en ai personnellement aucune idée… et elle non plus! Toutefois, je ne doute nullement de l'authenticité de mon amie ni du fait qu'elle soit le plus souvent très bien guidée dans ses canalisations. Le reste relève du facteur humain, qui n'est évidemment pas infaillible, et de l'impossibilité physique de vérifier la provenance réelle des messages transmis par un médium. Quoi qu'il en soit, cette prière est belle. J'aime bien sa vibration et l'effet qu'elle a sur moi. Depuis que Mélanie les a partagées avec moi, ces paroles très significatives et inspirantes m'accompagnent quotidiennement dans mes nouvelles convictions.

Pour me contacter: onnemeurtpas@yahoo.ca

Simon Pierre

PRIÈRE

Sacré-Cœur de nos temps présents,
soutiens notre survie
de ta grandeur
et de ta puissance
pour la force du monde
et la réussite de
notre délivrance
Que nos âmes se libèrent
de toute tension
et mémoires du temps,
que le ciel s'ouvre à nous
comme Dieu nous
accueille dans
son Royaume
Aie pitié de nos faiblesses
et élève nos pensées
dans l'amour
et l'espoir
afin que notre
foi nous libère
des vies antérieures

1. Personnalités et vie spirituelle

Rita Lafontaine

RESTER EN CONTACT AVEC LES MORTS

La comédienne a une façon bien à elle de se connecter à ses êtres chers qui sont disparus. Cette habitude l'aide à passer au travers des moments plus difficiles.

À Saint-Joseph-de-Ham-Sud, son village d'adoption, elle s'est acheté une église où elle joue au théâtre tous les étés. Elle enseigne aussi le métier à des jeunes acteurs dans un local de la société funéraire Alfred Dallaire. Quand elle entre ou qu'elle sort de chez elle, elle salue sa maison. En fait, tout l'univers de Rita Lafontaine est imprégné d'une grande spiritualité.

Rita, pourquoi avoir choisi une église pour y installer le centre des arts qui porte votre nom à Ham-Sud?
Parce que j'aime l'architecture et parce que j'aime profondément les lieux qui ont une âme. En achetant cette église, je me disais qu'elle avait été un lieu où un grand nombre de personnes étaient passées par toutes sortes d'émotions – des joies, des peines causées par des funérailles, des baptêmes, des mariages… Toutes ces célébrations en ont imprégné les murs. Et puis, je constate aussi qu'en général les gens recherchent la paix, en eux et entre eux. C'est ce qu'on retrouve dans une église. Quand ils s'assoient pour assister à une pièce, ils se conduisent comme ils le faisaient lors d'un mariage. Je voulais aussi créer de l'emploi et attirer les touristes dans la région. Jusqu'à ce jour, ç'a très bien marché, et on espère la même chose pour l'avenir.

La vie après la mort

Quelles sont vos croyances? Êtes-vous une personne religieuse?

J'ai été éduquée dans la religion catholique à une époque où on devait se confesser même quand on n'avait rien fait de mal. Des fois, il fallait s'inventer des péchés! Mais je peux aussi dire que j'ai reçu le cadeau de la foi. Même si on nous enseignait à demander des grâces, j'ai appris à ne pas prier uniquement pour demander, mais aussi pour remercier. Maintenant, ma religion a un peu plus de tendances bouddhistes, bien que je ne connaisse pas tout du bouddhisme. J'ai essayé de construire ma vie en la fondant sur le respect, notamment en m'inspirant d'une phrase qu'on nous répétait chez les Ursulines: «Ne fais pas aux autres ce que tu ne veux pas qu'on te fasse.» Je considère que là où commence la liberté des autres, la mienne se termine. Et je crois encore en la bonté des êtres humains, même si j'y crois moins qu'avant. Il y a vraiment le bien et le mal sur terre. Pour ce qui est de Dieu, ça demeure un grand mystère.

Croyez-vous qu'il y a quelque chose après la mort?

Je n'ai étudié ni la théologie ni la philosophie, mais la vie et les nombreux rôles que j'ai joués m'ont enseigné à réfléchir. J'ai eu de nombreuses discussions sur le sujet avec des gens aussi brillants que le metteur en scène André Brassard. Quand on pense à la mort, on pense évidemment à une fin. Mais moi, je suis si gourmande de vivre que je trouve ça trop triste, trop injuste de mourir après avoir appris tout ce qu'on sait, après avoir travaillé si fort pour évoluer et pour comprendre le sens de l'existence. Je crois que la vie après la mort, c'est un peu comme le cycle des feuilles, qui tombent à l'automne pour nourrir la terre en hiver et ainsi mieux pouvoir repousser au printemps. J'espère qu'on revient. Et je trouve ça dommage qu'on ne se souvienne pas de ses vies antérieures.

«Je perçois des signes...»

Comment l'astrologie, dont vous êtes une passionnée, vous nourrit-elle?

Elle m'aide à comprendre les cycles de la vie. Ça me fascine, les cycles. Par exemple, Saturne parcourt le zodiaque en 29 ans et demi. Eh bien, je remarque qu'on parle souvent en fonction de cycles de 30 ans. On va dire d'une personne qu'elle a, par exemple, enseigné pendant 30 ans ou qu'elle a passé 30 ans en Afrique. Moi, j'ai habité

Rosemont près de 30 ans et, du jour au lendemain, ç'a été plus fort que moi, j'ai senti l'urgence de déménager. L'astrologie m'aide à me rappeler que tout est toujours en mouvement. Quand on est malade, on peut espérer guérir parce que tout change. C'est ma façon de ne pas désespérer. Tenez, si je regarde mes planètes, je sais qu'à partir d'une date bien précise, tout va se mettre en place pour moi; c'est très encourageant, non?

Avez-vous déjà consulté des médiums pour entrer en contact avec les personnes que vous avez perdues?

Oui. Je dirais environ une dizaine dans toute ma vie. Mais je pense que je connecte mieux avec mes êtres chers disparus sans intermédiaire. Je sens leur présence, je perçois des signes. Ils ont tous leurs particularités, vous savez. Par exemple, mon beau-père, qui m'avait vendu la maison de Rosemont, y avait vécu longtemps et y était très attaché. Il est mort trois ans après. Quand, par la suite, j'ai eu des problèmes avec cette maison, je me suis toujours adressée à lui. Tout finissait par se résoudre – par l'entremise d'êtres humains, bien sûr –, mais je sais que c'était grâce à lui. Parfois, je sens clairement la présence d'une âme que je peux même identifier. Quand ça m'arrive, je m'assois et je prends le temps de parler mentalement à cette personne.

Que pensez-vous du ciel et de l'enfer?

Pour moi, les âmes qui sont parties et qui n'acceptent pas d'être privées d'un corps peuvent se sentir en enfer. C'est un avis tout à fait personnel, mais je crois que la Terre est notre purgatoire, que c'est un endroit où on n'est pas très confortable et où on a un chemin à suivre pour apprendre, notamment, à ne pas se faire de mal les uns aux autres.

Avez-vous peur de la mort?

Non, mais ça ne veut pas dire que j'ai hâte de mourir non plus! Je pense que la mort est, en quelque sorte, une naissance. Il y a quelques années, j'ai assisté aux derniers moments d'un ami. Je me souviens du calme extraordinaire qui régnait dans la chambre. C'était comme une nouvelle naissance. Quand on naît, on ne sait pas non plus ce qui nous attend. La mort, c'est le même genre d'inconnu, mais à la sortie de la vie. Il est difficile d'imaginer ce qu'il y a après. C'est tellement intangible tout ça, mais je sais qu'on continue. ■

www.ritalafontaine.com

Marcel Leboeuf

«LE MESSAGE DES ENTITÉS»

Au début des années 1980, Marcel Leboeuf a rencontré un médium réputé qui lui a communiqué sa vision de la vie après la mort. Depuis, il joue sa vie et jouera sa mort comme les personnages qu'il incarne au théâtre.

Marcel, d'où te viennent la grande ouverture spirituelle et les profondes croyances qui t'animent?

Si nous sommes ici à nous parler de spiritualité, toi et moi, c'est grâce à mon grand-père maternel, qui était mon héros. Depuis quatre ans, je donne beaucoup de conférences où je parle de ma vie et de mon grand-père. Et je suis un peu «torieux». Sans même que les gens s'en rendent compte, tout en les faisant rire, je mets beaucoup l'accent sur la spiritualité. Je crois que le message passe, que ça «rentre au poste», comme on dit. Évidemment, mon principe, c'est de «faire et laisser faire». Si toi, tu veux faire tes expériences dans la vie, si ça n'affecte pas ta santé, si c'est positif pour toi, je vais te dire go, fais-les. Même chose pour la religion. Je ne crois pas aux démarches de groupe où on te demande de donner ton salaire et où on te fait subir des pressions psychologiques. C'est malsain. La connexion avec Dieu, chacun l'établit comme il veut, finalement, en autant que ça ne nuise pas aux autres. Donc, pour en revenir à mon grand-père, c'est lui qui m'a transmis sa passion, en particulier celle de la forêt. Quand j'étais petit, il m'emmenait avec lui sur ses terres à bois. Il m'apprenait le nom des arbres, des plantes, me déterrait des racines et m'enseignait comment guérir des maux de toutes sortes.

La vie après la mort

Est-ce que c'était un homme religieux?

Oui, il était très croyant. Mon grand-père avait une grande dévotion pour la Sainte Vierge. Même que ça me faisait peur, parce que, lorsque je dormais dans la chambre à côté, je l'entendais parler à sa petite statue de la Vierge en se levant le matin. J'étais sûr qu'elle était là pour de vrai! Il l'appelait «ma fille» et pouvait lui dire à voix haute: «Ma fille, ce serait-y là, c'est qu'y a quelque chose après.» Ça m'est toujours resté. Je crois que la mort, c'est une continuité dans l'énergie, que notre âme s'en va en emportant avec elle un bagage de plus.

Dans les années 1980, une série d'expériences avec des médiums a changé ta perception de la vie après la mort. Pourquoi?

En 1981, alors qu'essayer plein d'affaires en impro était à la

«Une fois la pièce finie, je "meurs" et je redeviens Marcel»

possible pour toi aujourd'hui de me faire passer une belle journée?»

Un jour, nous nous sommes mis à parler de la mort. Il m'a dit: «Ti-gars, faut pas avoir peur de ça, la mort. Et faut pas toujours croire ce que disent les hommes en soutane. Ce sont des êtres humains et ils peuvent se tromper. Le bon Dieu, tu peux le rencontrer dans l'église, mais tu peux aussi le trouver dans le bois.» C'est pour ça que sa terre devenait pour lui un lieu sacré, un lieu de prière, comme ça l'a toujours été pour les Amérindiens. De son vivant, il m'a légué ses terres, une preuve ultime de son amour pour moi. Quand je lui demandais ce qu'il y avait après la mort, il me répondait: «Ah, ti-gars, tu le sauras ben assez vite, toi aussi. Mais si on est tous

mode, j'ai voulu faire un show de théâtre à partir des cartes du tarot! Je voulais que des gens du public pigent cinq cartes et que nous, les acteurs, nous improvisions à partir de ce jeu. Évidemment, il fallait connaître très bien le tarot pour que ça puisse marcher. Pour ça, j'ai rencontré à peu près 40 voyants! Bien sûr, j'ai vu des charlatans, mais j'ai aussi rencontré des personnes qui avaient réellement un don. C'est de cette façon que j'ai connu Ian Borts, un *channel* qui canalisait des entités nommées «Speakers». Je voulais absolument le consulter pour savoir ce qu'il y a après la mort.

Quelle réponse as-tu obtenue?

La voix qui s'exprimait à travers lui, quand il était en transe, m'a répondu que ça se passait comme dans le métier de comédien. Les Speakers m'ont expliqué que l'âme, c'est comme moi, Marcel Leboeuf, qui joue plusieurs rôles. En tant que Marcel, j'ai toujours la même âme, mais j'incarne différents personnages. Une fois la pièce finie, mon personnage «meurt» et je redeviens Marcel, avec une autre expérience en poche. Dans le cycle de la vie, plus j'avance au fil de mes réincarnations, plus j'accumule des rôles. Il se peut que j'aie envie d'être

de liberté, puis j'ai appris à lâcher prise. Quand je suis revenu chez moi, le téléphone s'est remis à sonner, parce que j'avais arrêté de me placer en situation d'attente. Je me suis mis à prendre les devants et à pratiquer le lâcher prise sur les résultats.

Le fais-tu aussi dans ta vie personnelle?
Évidemment. C'est bon dans tout. Ta blonde vient de te lais-

«Je pensais que les gens ne m'aimaient plus»

comédien longtemps, mais il y a aussi des gens qui n'ont joué qu'un seul rôle, et ça leur a suffi.

Marcel, tu as terminé en juin 2005 ton pèlerinage vers Compostelle. Qu'est-ce que cette expérience spirituelle, faite en solitaire, t'apporte dans ta vie de tous les jours?
Deux choses. J'ai commencé en 2001, alors que je vivais un creux de vague sur le plan professionnel. Comme le téléphone ne sonnait plus, je pensais que les gens, au Québec, ne m'aimaient plus. Quand t'es en haut, il ne faut pas que tu fasses ton «smatte», parce que tantôt, tu peux être en bas. Et quand t'es en bas, il faut nourrir ta vie, parce que c'est cyclique et que tu vas finir par retourner en haut. En marchant, j'ai d'abord ressenti un immense sentiment

ser? T'as perdu ta job? Lâche prise! Rester dans cette douleur t'empêche d'avancer. L'autre grande leçon que je retiens de Compostelle, c'est de vivre le moment présent. C'est facile à dire, mais personnellement, c'est ce que je trouve le plus difficile. Ça fait 30 ans que je suis comédien et que je me pose toujours la question «Est-ce que je vais avoir de la job demain?» À force de vivre dans la crainte du lendemain, tu ne vis pas pleinement ce qui t'arrive aujourd'hui. Et ta vie passe, comme ça, sans que tu t'en rendes compte. En ce moment, ce qui est important, c'est cet entretien. Plus tard, tu vas vivre autre chose, et moi aussi. Et ce sera ça, l'important. ■

www.marcel.ca

Stéphane E. Roy

LES ANCIENNES VIES DE STÉPHANE

Si on le lui demande, le comédien n'hésite pas une seconde à raconter en détail ses trop rares voyages astraux ou à affirmer avoir été scaphandrier et pianiste dans des vies passées. Bienvenue dans le monde sain et spontané du Sylvain de *Caméra café*.

Stéphane, comment t'es-tu ouvert aux phénomènes de la vie après la mort et de la réincarnation?

Ça s'est passé quand j'étais étudiant en théâtre à l'UQÀM. D'abord, il faut dire que je suis un gars ouvert et curieux. Je ne tiens pas l'univers dans lequel on vit pour acquis. Je pense qu'il existe plus de choses que ce qu'on peut voir et toucher. Tout ceci n'est peut-être qu'illusion comme le démontrait si bien Platon il y a plus de 2 000 ans. À l'université donc, il y avait une femme, Fernande, qui s'occupait des costumes et qui, dans ses temps libres, lisait dans les lignes de la main. La première fois qu'elle m'a pris la main pour me prédire mon avenir, j'ai pensé qu'elle était complètement tombée sur la tête.

Et pourquoi donc?

Elle m'annonçait, le plus sérieusement du monde, que je ferais une dizaine de voyages au Mexique dans l'année, alors que je n'avais vraiment aucun intérêt pour cette destination. Je préfère de loin l'Europe et, de toute façon, j'avais à peu près 400 $ dans mon compte de banque! Eh bien, crois-le, crois-le pas, quelques mois plus tard, on m'engageait comme script en chef pour 10 émissions de télé tournées… au Mexique!

Es-tu retourné la consulter pour en savoir plus?

Oui. Une fois, elle m'a affirmé qu'elle pouvait me dire

La vie après la mort

avec précision qui j'avais été dans mes autres vies. Elle m'a d'abord parlé du scaphandrier. Ça m'a surpris, parce que j'ai vécu une expérience traumatisante à l'âge de 18 ans qui me fait croire qu'elle disait vrai. Quand je raconte cette histoire, tout le monde se tord de rire, j'en ai même fait un numéro dans un spectacle solo, mais elle n'en demeure pas moins authentique.

métal… Je ne pouvais plus respirer. Il y avait pourtant plein d'air dans la grosse tête de Calinours! Lorsque j'ai aperçu des bulles qui remontaient à la surface, sous la glace, j'ai paniqué. Je savais que je ne pouvais pas enlever mon casque, le patron me l'avait répété à plusieurs reprises: «Il ne faut pas effrayer les enfants et briser la magie.» Je me suis alors vu en train de lancer les petits au bout de mes bras pour me sauver de là au

«J'ai fait trois voyages astraux… un peu par accident!»

Raconte...

Cet hiver-là, à la fin des années 1980, je travaillais comme mascotte au Centre de la nature de Laval. Un jour, alors que je portais le costume de Calinours, des enfants un peu trop enthousiastes se sont jetés sur moi et je me suis retrouvé tête première sur la glace avec, pour tout horizon, une vue sur le fond du lac. À ce moment, j'ai entendu le bruit d'un craquement assourdissant – le son est amplifié dans le casque d'une mascotte. J'ai vraiment pensé que la glace allait rompre et que je me retrouverais à l'eau.

Que s'est-il passé?

J'ai aussitôt commencé à sentir que mon costume était beaucoup plus lourd que le poids des enfants qui se trouvaient sur moi. Comme s'il était fait de

plus vite. Encore aujourd'hui, je suis convaincu qu'elle me disait la vérité, que je suis bien mort noyé dans cette ancienne vie.

De quelle autre vie t'a-t-elle parlé?

Elle m'a mentionné que j'avais été pianiste dans une vie antérieure à celle du scaphandrier. Je te jure que je suis tombé en bas de ma chaise. Je me demandais depuis des années comment je pouvais jouer du piano sans jamais l'avoir appris. À l'âge de 22 ou 23 ans, je me suis assis à un piano et, d'une certaine façon, j'ai reconnu les notes. Je savais où placer mes doigts. Je peux pianoter des airs que je ne connais pas, genre opérettes, sans jamais avoir pris de cours de piano. Je n'ai pas d'oreille, mais je possède une espèce de mémoire, inscrite en moi, des notes et des arrangements. Comme si j'avais gardé la mécanique du pianiste et perdu l'oreille!

Tu m'as aussi déjà parlé de voyages astraux. En fais-tu régulièrement?

Non. J'en ai fait trois, un peu par accident. Je dis «par accident» parce que j'ai bien essayé par la suite de refaire un voyage astral conscient, mais je n'y suis pas arrivé. La première fois, j'étais très jeune, mais les circonstances sont encore claires dans mon esprit. J'étais dans ma chambre, en état de demi-sommeil. À cette époque, j'aimais m'endormir avec de la musique. J'écoutais donc une cassette, parce que les CD n'existaient pas encore, et à un moment donné, alors que j'étais comme entre deux eaux, sur le point de m'endormir, le magnétophone s'est arrêté, en faisant le bruit sec d'une cassette qui est rendue au bout de son ruban. Ç'a fait l'effet d'une cassure et je me suis retrouvé au-dessus de mon lit, à environ cinq pieds dans les airs, complètement sorti de mon corps.

Que voyais-tu de là?

Tout. Je me revois clairement me promener au gré de mes pensées, à la vitesse de l'éclair. Je n'avais qu'à penser, disons, à mon école, et hop! J'y étais, je planais dans les couloirs et les classes. Une autre pensée… mettons la voiture de mon père, hop! Je me retrouvais dans le garage, au-dessus de l'auto de papa. Si je pensais à nouveau à ma chambre, j'y retournais aussitôt. Je trouvais ça très éprouvant, parce que je ne contrôlais pas réellement mes pensées. Je suis revenu quand même

«Je me suis retrouvé à planer au-dessus du lit»

assez vite dans mon corps. Les deux autres fois… je me suis retrouvé à survoler le lac Saint-Pierre, où j'ai appris à naviguer, et au dessus de la ville de Berlin, après un show des Bizarroïdes. À chaque fois, je suis revenu rapidement dans mon corps, sans vraiment contrôler mes pensées et mes déplacements.

Crois-tu en Dieu, Stéphane?

Oui, je crois en Dieu et je prie. Mais je ne suis pas religieux. Je crois aussi qu'on peut revenir dans le système humain pour continuer notre apprentissage. Après, qui sait? Je serai peut-être un triangle qui tourne dans un carré pour l'éternité! ■

www.soniagagnon.com/46-page.shtml

Stéphane Gendron

« La mort de mon fils m'a fait perdre la foi catholique »

Après la mort de son troisième enfant, Stéphane Gendron a rejeté en bloc ce qui lui restait de son éducation catholique. Il n'a toutefois jamais renié son côté spirituel. Regard sur la face cachée d'un homme controversé.

Fasciné par le sujet de la vie après la mort et par les phénomènes paranormaux, le mouton noir Stéphane Gendron a aussi un côté «blanche brebis». Étonnant? Pas vraiment. De son propre aveu, l'animateur et polémiste, toujours maire d'Huntingdon, arrive à vivre avec «ses deux personnalités» en se remettant constamment en question. Et il n'est pas à une contradiction près… Malgré ses positions tranchées, il cultive une vie intérieure surprenante, qui le fait passer, dans une même conversation, de la défense de la peine de mort à la possible réincarnation de sa fille, «qui a sans doute vécu une autre vie au Moyen Âge»!

Stéphane, comment s'est passée ton enfance?
Comme c'est le cas de toute personne issue d'une bonne famille traditionnelle du Québec, j'ai eu une enfance dans l'eau bénite. Il y avait des religieuses et des prêtres dans ma parenté, et j'ai été servant de messe très jeune. Il m'arrivait même de manquer l'école pour me faire 25 sous à un enterrement et 1 dollar à un mariage! À l'âge de 11 ans, j'ai été choisi comme organiste de ma paroisse. Aussi, j'ai toujours été proche de la mort. Dans ma famille, il y avait un entrepreneur de pompes funèbres, et nous avions pour voisin une entreprise de cercueils. À l'époque, je m'endormais le soir en écoutant une émission

La vie après la mort

de radio où on parlait aux morts. J'ai toujours pataugé là-dedans et je demeure fasciné par le sujet, surtout par ce qui peut nous attendre après la mort. Je n'ai trouvé aucune réponse, mais j'ai fini par réaliser que la religion était la plus grande supercherie que l'homme ait inventée. Pour croire à la résurrection comme on nous l'a enseignée à la petite école, il faut vraiment avoir complètement démisionné intellectuellement!

pable de nous sauver –, peut-être que ça irait mieux. Je crois que la force est en chacun, tout comme le bien et le mal. Et le bien n'est pas nécessairement entièrement bien, ni le mal complètement mal, suivant la conception qu'on a du monde. Ce qui me fait encore croire à une force ou à un esprit supérieur, c'est l'origine de l'univers. On a beau retourner au tout début de la vie, il faut quand même que ça parte de quelque chose. Et il

«Ce qui me fait croire à une force supérieure, c'est l'origine de l'Univers»

Quel a été l'élément déclencheur pour que tu rejettes la religion catholique?

La mort de mon fils, décédé dans mes bras trois heures après sa naissance. En fait, j'ai décroché le jour de ses funérailles, en juin 2000, quand le prêtre nous a dit que notre fils nous préparait une place au ciel, à côté de lui. Je me suis dit qu'il fallait être cave pour croire ça, c'est bien trop facile.

Où est ton fils, d'après toi?

Je ne sais pas, je le cherche encore. Mais, si on parle du divin, ben moi je suis Dieu! Je veux dire que Dieu est en chacun de nous. Et si tout le monde pensait comme ça – au lieu de prier et d'invoquer une sorte de patriarche vengeur ca-

y a tant de phénomènes que notre cerveau ne peut expliquer! Il y a sûrement un être supérieur derrière ça.

Ton prof de musique a aussi été un mentor pour toi. De quelle façon?

La femme de mon professeur de musique était médium. Quand elle est morte, il affirmait qu'il pouvait la faire revenir à volonté, mais dans une autre dimension. Et il faisait la même chose pour son ami violoniste décédé. Je ne sais pas trop comment, mais il les réunissait dans son salon, et tous discutaient ensemble! Je me souviens qu'un jour, je suis arrivé chez lui un peu en avance pour ma leçon de piano. Il était tranquillement assis dans son fauteuil, en plein voyage astral. Quand il a réintégré son corps, alors la leçon a commencé!

Tu as aussi été membre des francs-maçons. Pourquoi?

Quand je faisais de la politique à Québec, je fréquentais par choix le temple maçonnique du Vieux-Québec, qui, malgré ce qu'on en dit, n'a rien d'une secte. Je me suis joint à ce groupe parce que j'étais très attiré par le rituel initiatique et fait de la peine. C'est l'enfant mal aimé en moi qui prend la critique comme un défi: il veut toujours en faire plus pour réussir à se faire aimer. Ma conjointe me disait dernièrement, tout en me montrant une photo du journaliste Gaétan Girouard, que si je continuais à me mettre autant de pression sur les épaules, il m'arriverait la même chose. Ça m'a glacé le sang. Le printemps 2005 a été particulièrement difficile à Huntingdon,

«Pour moi, la simplicité volontaire a un aspect spirituel»

par le travail intérieur qu'on devait faire pour s'élever, toujours un peu plus, et se détacher du monde matériel. Pour moi, la simplicité volontaire a, à la base, un aspect spirituel. Ça doit partir de l'intérieur. Quand je suis revenu à Montréal, j'ai laissé tomber, car je ne trouvais pas les réponses à mes grandes questions existentielles, notamment au sujet de l'origine de l'Univers. Il manquait au groupe le côté plus ésotérique qu'ont les francs-maçons en France, par exemple.

Tu es plutôt déroutant à force de paradoxes. En es-tu conscient?

Oui. Il y a vraiment deux personnes en moi. Par exemple, malgré mon côté cinglant, je n'aime pas la critique, ça me avec les fermetures d'usines, les critiques et tous ces gens qui sont venus pleurer dans mon bureau. Une fois, en me promenant sur l'autoroute, j'ai pensé à me jeter devant un camion. Je pleure trop facilement, aussi. J'ai dû m'isoler pour écouter le film de Paul Arcand sur les enfants maltraités, car je ne voulais pas faire une Céline Dion de moi en public! ■

Joël Legendre
«JE VEUX MOURIR PUR»

L'artiste multidisciplinaire Joël Legendre a côtoyé beaucoup de mourants dans les dernières années. C'est pourquoi il goûte la vie si intensément. Tellement, qu'il a décidé d'adopter un enfant, même s'il est célibataire.

À titre de bénévole, Joël Legendre a accompagné dans la mort de nombreuses personnes atteintes du sida. Quand ses grands-parents sont tombés malades, il a abandonné toutes ses activités pour être auprès d'eux à préparer leur dernier voyage. Si on lui parle de la vie après la mort, il répond spontanément: «Oui, j'y crois, mais il faut d'abord vivre sa mort!»

Joël, pourquoi avoir choisi d'accompagner des gens atteints du sida en phase terminale?

J'ai perdu des amis proches à cause de cette maladie et je voulais pouvoir aider. Je suis devenu bénévole à la Maison Amaryllis, où on accueille des sidéens qui, souvent, ont eu une vie très difficile. Beaucoup sont des polytoxicomanes et parfois, ils se sentent entourés d'amour pour la première fois de leur vie. Moi, je crois sincèrement que nous choisissons notre mort, le moment où elle se produit, les personnes qui seront près de nous et la manière dont nous allons mourir. Par exemple, ceux qui ont le cancer ou le sida, même s'ils vivent de grandes souffrances, ont le temps de se préparer à partir. Ils peuvent régler les conflits qu'ils n'avaient pu résoudre avant. Il m'est arrivé souvent de devoir appeler un parent dont le fils ou la fille était mourant et de lui dire: «Votre enfant se meurt, il lui reste peu de temps et il veut vous voir.» C'est comme si le sidéen s'était donné ce pouvoir

La vie après la mort

de rassembler, autour de lui, les gens qu'il voulait voir avant de mourir. C'est si fréquent que ça ne peut pas être une succession de hasards.

Quelles sont les étapes de la mort, celles que tu as été en mesure de constater?

Il y a quatre étapes à franchir avant de mourir. D'abord, il y a la phase du déni. On refuse le diagnostic, on se dit que tout va s'arranger, qu'on va s'en sortir.

vers le grand tunnel, vers la lumière, et moi, je n'arrivais même pas à me libérer de mes petits deuils au quotidien. J'ai compris que, chaque jour, on vit des petites morts, on doit laisser aller par rapport à un paquet d'affaires. Si, par exemple, mon enfant part à la garderie pour la première fois, je vis un deuil. À la fin de chaque journée, je dois renoncer à tous les moments qui sont passés et qui ne reviendront jamais. Cela fait

«La mort, c'est un ultime moment à vivre»

Puis vient la colère; on en veut à la vie et à la terre entière. La troisième étape, c'est l'acceptation, où, justement, on essaie de régler ses conflits avec son entourage pour partir le plus sereinement possible. Et finalement, la quatrième étape, la plus belle à mon avis, c'est celle du lâcher prise, où on peut enfin s'abandonner. La mort est évidemment le plus grand lâcher prise qu'on aura à faire de toute sa vie.

Qu'est-ce que ce contact direct avec la mort t'a apporté dans ta vie?

Les leçons de la mort m'ont donné une foi incroyable en la vie. Ça m'a fait réaliser à quel point je ne lâchais pas prise dans ma vie de tous les jours. On demande au mourant de lâcher prise, de se laisser aller

en sorte que je vis intensément le moment présent.

As-tu pensé à ta propre mort?

Tu sais, la mort, c'est un ultime moment à vivre. Moi, je veux partir comme j'ai vécu, entouré des gens que j'aime, sur une ferme remplie d'animaux. Je crois que je vais probablement mourir le jour. J'aime le soleil, la lumière, j'aime la vie. C'est pour ça que je suis végétarien et que je prends soin de moi. Malgré ça, chaque jour, je me rappelle que je vais finir par m'éteindre. Je ne veux pas être comme tous ces gens que j'ai vus résister à la mort. C'est une agonie terrible. L'enfer. Ils s'accrochent, même quand leur corps est presque en décomposition. C'est une bonne leçon. La vie nous envoie constamment des signes, mais on s'accroche, on ne veut pas se laisser aller. Moi, j'ai cessé d'être un combattant. Aujourd'hui, je vais au front une seule fois. Au travail, par exemple, je fais tout ce qu'il faut pour décrocher un contrat et, après, je lâche prise, je fais confiance. À se battre tout le temps, on est souvent perdant.

Qu'y a-t-il de l'autre côté de la vie, d'après toi?

Je crois que c'est la continuité de ce qu'il y a eu avant. Tout ce que je n'aurai pas réglé avec moi-même va me suivre après ma mort. Au fond, ce que j'aimerais, c'est mourir le plus «pur» possible. Entendons-nous, je suis un humain et, jusqu'à la fin de ma vie, je vais faire des erreurs, mais j'aimerais me purifier de plus en plus en vieillissant, pour que l'arrivée de ma mort soit un moment euphorique. Si je garde des secrets ou des complexes dans ma vie actuelle, je suis convaincu que ça ne peut que se prolonger de l'autre côté de la mort.

Depuis quelques mois, Joël, tu es père célibataire d'un petit garçon de deux ans. Comment se sont passées les démarches d'adoption?

Depuis peu, la Chine autorise cette forme d'adoption. J'ai toujours voulu avoir des enfants, mais puisque j'étais célibataire depuis cinq ans, je n'en voyais plus la possibilité. Un matin, j'ai pris le téléphone et j'ai appelé une agence d'adoption où on m'a tout de suite prévenu qu'il fallait attendre jusqu'à cinq ans pour devenir parent. Je me suis alors dit qu'il y avait sûrement un enfant pour moi, mais que, si on me mettait des bâtons dans les roues, j'abandonnerais. Eh bien, à peine un an plus tard, je prenais mon fils dans mes bras!

Et comment as-tu vécu cette grande rencontre?

Mon fils vient de la Mongolie intérieure. Et c'était la première fois qu'un garçon sortait de ce nouvel orphelinat, alors j'ai eu droit au traitement royal! Ses nounous sont venues me le porter à l'hôtel, et quand il est entré dans la chambre, avec des petites fleurs pour moi dans ses mains, j'ai reconnu son âme! En fait, j'ai reconnu l'enfant que j'avais demandé. Écoute, il était né depuis six mois quand j'ai fait ma demande d'adoption. Pourquoi est-ce que ç'a marché au bout de seulement un an, alors que ça devait en prendre cinq? Pourquoi est-ce que j'ai pris le téléphone le matin même où j'ai entendu dire qu'un père célibataire pouvait adopter? Parce qu'il fallait qu'on se rencontre, lui et moi… Depuis que je l'ai avec moi, il dort 12 heures par nuit. Il n'a même jamais pleuré après le départ de ses nounous. ■

www.dromadaire.com/Abbie/joel

Marc-André Chabot

PERDRE UNE SŒUR ET GAGNER UN ANGE GARDIEN

À l'âge de 25 ans, Marc-André Chabot a perdu sa petite sœur Maud à la suite d'un accident d'auto. Aujourd'hui, il est le fier papa d'une petite fille qu'il a prénommée Lili-Maud, pour ne jamais oublier.

Réalisateur et chroniqueur-vedette, notamment au show *Véro* à Radio-Canada, Marc-André Chabot s'est bien assagi ces trois dernières années. Non seulement il s'est casé, mais son rôle de nouveau papa fait de lui l'homme le plus heureux de la Terre. La seule ombre au tableau: Il aurait tant aimé pouvoir mettre sa fille dans les bras de sa petite sœur, décédée à seulement 21 ans. Mais si la quarantaine a apporté beaucoup de sagesse à Marc-André, elle lui a aussi donné une grande certitude, celle que la vie continue et que Maud sera toujours là pour l'aider à traverser toutes les épreuves de la vie, quelles qu'elles soient.

Marc-André, raconte-nous comment tu as vécu le départ de ta petite sœur.
C'était au mois de mars de 1991. J'ai reçu un coup de fil de mon autre sœur qui, affolée, me disait de venir la chercher, que Maud avait eu un gros accident et que les médecins n'étaient pas très optimistes. Quand je suis arrivé chez elle, mes parents avaient déjà téléphoné de l'hôpital pour dire que tout était fini, Maud était morte. Je me souviens de ma réaction sous le choc de la nouvelle: j'ai joué au gars qui peut tout arranger. J'ai seulement dit à ma sœur: «T'es sûre que je ne peux rien faire?» Pour la première fois de ma vie, j'étais confronté à mon impuissance devant

La vie après la mort

l'irréparable. Moi qui suis né avec le gène du bonheur et le sentiment que tout est possible, j'ai ressenti à ce moment-là une immense douleur que j'ai traînée avec beaucoup de colère pendant des années. Sans compter que le jeune qui a frappé ma sœur, un chauffard, n'aurait jamais dû se trouver sur la route ce soir-là tellement son dossier était chargé.

Qu'est-ce qui t'a aidé à retrouver la paix?

Je dois d'abord dire que j'ai toujours été athée et que j'ai même parfois réagi très fort contre la religion catholique. Mais un événement précis et une personne en particulier sont venus changer en quelques secondes tout ce que j'avais cru toute ma vie. Pour des raisons personnelles, je ne peux pas entrer dans les détails de cette rencon-

«Mes parents ont téléphoné pour dire que tout était fini, Maud était morte»

tre; mais je sais aujourd'hui que Maud m'accompagne et est présente pour moi quand je lui demande de m'aider.

Peux-tu nous donner des exemples?

Je peux t'en donner plein! Par exemple, il y a quelques années, alors que je devais emménager avec une ex-blonde, je me suis retrouvé sans appartement à quelques jours du 1er juillet, après avoir eu la bonne idée de mettre un terme à cette relation. J'étais vraiment dans le jus au travail et je n'ar-

Maud, décédée à 21 ans dans un accident d'auto

rivais pas à trouver de logement. Je me voyais obligé de dormir dans mon auto ou de trouver un endroit pour squatter. Découragé, j'ai levé les yeux au ciel et j'ai demandé à ma petite sœur d'arranger ça pour moi. Eh bien crois-le, crois-le pas, cinq minutes plus tard, un promoteur de condos qui n'arrivait pas à les vendre tous m'a téléphoné sur mon cellulaire pour me proposer de

«Maude», m'a-t-elle répondu avant de continuer son chemin! J'ai pris cet événement comme un clin d'œil, un signe que ma petite sœur m'envoyait pour me signifier que je devais persévérer dans ce que je faisais.

Qu'est-ce que ces signes t'apportent au quotidien?

D'abord, les signes ne sont pas seulement pour moi. Quand on a aidé ma mère à déména-

«J'ai levé les yeux au ciel et j'ai demandé à ma petite sœur d'arranger ça…»

m'en louer un! Et je pourrais te donner d'autres exemples.

Vas-y, on aime ça les belles histoires!

Une autre fois, à un moment de grande remise en question professionnelle, je suis allé prendre un verre avec un ami pour lui confier mes inquiétudes. La veille, j'avais fait un truc en direct avec Céline Dion et René Angélil; ça avait été difficile techniquement, et j'étais sûr que ça n'avait pas été bon. Bref, j'étais dépité et prêt à changer de métier. En sortant du bar, un groupe d'étudiants s'est mêlé à nous, et une jeune femme m'a regardé en disant: «Hé, c'est pas toi qui était à la télé hier soir? Lâche pas ton métier, c'est vraiment bon ce que tu fais!» Je l'ai remerciée pour ses encouragements et je lui ai demandé son nom.

ger dans son nouvel appartement, après sa séparation, je l'ai sentie au bord de la détresse psychologique au moment de la quitter, le soir. J'allais sortir de l'immeuble quand une porte s'est ouverte. Une jeune femme en est sortie en s'écriant: «Madame Chabot, vous demeurez dans le même bloc que moi?» C'était une des grandes amies de Maud, qui habitait juste en dessous du nouveau logement de ma mère. Aujourd'hui, quand je pense à ma sœur, j'ai le sourire fendu jusqu'aux oreilles. La certitude qu'elle est là pour nous accompagner m'apaise tellement. Tu vois, dans «apaise», il y a le mot paix. C'est ce que j'ai toujours cherché, et je peux dire que je l'ai enfin trouvée, surtout avec la naissance de ma fille. ■

Jean-Michel Dufaux

L'ÉVEIL SPIRITUEL DE JEAN-MICHEL

Jean-Michel Dufaux a entamé son virage spirituel il y a environ cinq ans, à l'aube de la quarantaine. Bien qu'il en soit à ses premiers pas dans cet univers, il s'interroge de plus en plus sur le sens de la vie et le pourquoi des choses. Questions et réponses sur sa remise en cause.

Après avoir goûté au succès et à l'argent dans la jeune trentaine, l'animateur et reporter Jean-Michel Dufaux s'est mis à douter. Et s'il y avait autre chose que ça dans la vie? Son ouverture à une autre dimension, il la doit à ses voyages en Asie. «C'est un cliché, dit-il, mais quand on voit des gens qui sont heureux même s'ils vivent dans la pauvreté, on se dit qu'ils doivent avoir saisi quelque chose que nous, Occidentaux, n'avons pas encore compris.» Depuis, il s'intéresse au bouddhisme et lit tout ce qui lui tombe sous la main dans le but de «devenir un meilleur être humain et être plus heureux». Rencontre cœur à cœur.

Jean-Michel, quel événement en particulier a provoqué ton ouverture spirituelle?
Le premier pas, c'est une ancienne blonde qui m'a aidé à le faire. Elle m'a proposé quelques lectures qui ont ouvert ma conscience. Le deuxième pas, ce sont mes voyages en Asie. Ça m'a vraiment frappé de voir tous ces sourires malgré le fait que ces gens vivent avec le strict minimum. Une fois, je suis allé manger dans un deux et demi, chez une famille qui avait huit enfants... et tout le monde riait! À mon voyage de retour, j'ai fait une escale à Paris pour y découvrir des gens qui avaient tout pour être heureux, mais qui déambulaient la face longue,

l'air déprimé. Même si je n'ai jamais considéré que le luxe et un écran de télé 46 pouces allaient me rendre heureux, je me suis longtemps laissé porter par l'argent et la vie facile, jusqu'à ce que je m'arrête pour me demander: «Mais est-ce vraiment tout ce qu'il y a?» Si un jour je me retrouve devant rien, je partirai pendant six mois autour du monde chercher des réponses à mes questions.

s'est terminé à TVA en 1999, j'ai vécu mes premiers moments de blues, sentiment que je n'avais jamais connu auparavant. Je me suis retrouvé dans une position de déséquilibre et dans l'obligation de faire des choix. Cette période trouble a été très bénéfique pour moi. Aujourd'hui, je me plais à penser qu'il y en a assez pour tout le monde et qu'on peut relaxer un peu! Le plus difficile, c'est de passer par-dessus la percep-

«On a le pouvoir de changer les choses en se changeant soi-même»

Et à quoi ressemblerait ce voyage initiatique?

J'ai le goût de rencontrer des sages de partout sur la planète pour qu'ils m'expliquent le sens de la vie. Je ne veux plus qu'on me parle par paraboles, je suis tanné de ces discours religieux imagés. Je souhaite qu'on me parle comme à un adulte et qu'on me dise pourquoi on est sur la Terre, dans quel but, et ce qui arrive quand on meurt. Y a-t-il au moins quelqu'un qui peut me répondre? Je ne sais pas, mais c'est le genre de questions que j'ai envie de poser. Dans notre milieu, celui de la télévision, c'est frappant de constater le nombre de personnes super ambitieuses. Je me demande après quoi on court tous.

Tu l'as pourtant fait, toi aussi.

Oui, et quand mon contrat

tion que les gens ont eue de moi pendant des années.

Comment y arrives-tu?

Une impression, ce n'est pas la réalité. Je le sais, je l'ai même lu quelque part et ça m'a réconcilié avec la vie. On est dans un business d'impressions, où notre image est monnayable. Mais ça reste une image. Aujourd'hui, à 40 ans, je me connais mieux, je suis capable de reconnaître mes imperfections et je peux mieux y faire face. Je m'intéresse de plus en plus à mon éveil spirituel, même si – je ne vais pas vous raconter d'histoires – je n'en suis qu'aux premiers balbutiements. Et puisque je ne peux pas accepter les principes de base de la religion catholique comme le ciel et l'enfer, le péché, le jugement dernier, etc., eh bien, je me tourne vers autre chose!

Quelles sont tes lectures spirituelles?

J'ai lu sur le bouddhisme, pas pour adopter la religion, mais pour en comprendre les enseignements de base. D'ailleurs, *L'art du bonheur*, du dalaï-lama, a été très révélateur pour moi, au début. Ça fait du bien, ne serait-ce que de réaliser qu'on possède

peut avoir une influence sur les événements en l'exerçant. «Surveille ta pensée», car tout en découle: la guerre, l'amour, tout!

Crois-tu en l'existence de l'au-delà?

Oui, mais je ne sais pas quelle forme il prend. Ces temps-ci, je crois surtout à la synchronicité qui nous fait évoluer. Et plus j'y crois, plus il m'arrive des trucs bizarres.

«J'ai le goût de rencontrer des sages de partout sur la planète»

le pouvoir de changer les choses en se changeant soi-même et non en voulant changer les autres.

Et puisque ç'a été écrit en collaboration avec un thérapeute américain, les questions sont très bien adaptées à notre société, où l'image et les plaisirs sont à l'avant-scène. J'ai toujours été très attiré par le plaisir, mais je me suis vite rendu compte que plaisir n'est pas synonyme de bonheur. Évidemment, je ne vous dis pas que j'ai atteint le stade de la paix intérieure, j'en suis encore loin, mais c'est ce que je recherche. J'aime aussi beaucoup les livres de Deepak Chopra, surtout celui qui traite des coïncidences et de la synchro-destinée. Il explique que tout part de la pensée, et qu'on

Peux-tu nous donner des exemples?

Dernièrement, j'ai réalisé que je n'avais pas une seule photo d'amie de fille sur mon réfrigérateur. J'ai alors pensé à une copine qui vit en Californie et à qui je n'avais pas parlé depuis deux ans. J'ai fouillé dans mes vieilles photos pour en trouver une qui me plaisait. Une heure plus tard, le téléphone sonnait, un interurbain de Los Angeles... C'était la copine en question! Un autre exemple, et tu ne me croiras peut-être pas, mais j'ai pensé à toi la journée même où tu m'as appelé pour cette entrevue! ∎

Manuel Tadros

« JE SUIS BRANCHÉ SUR L'UNIVERS »

Quand il fait ses demandes à l'Univers, Manuel Tadros prend bien soin de les formuler adéquatement, parce qu'elles se réalisent exactement comme il les a commandées.

Manuel Tadros est d'origine égyptienne. Il a vécu les 10 premières années de sa vie au Caire. Son héritage culturel et religieux a laissé des traces indéniables, mais il a su l'adapter avec le temps pour créer son propre modèle de vie spirituelle.

Manuel, que gardes-tu de l'éducation religieuse que tu as reçue en Égypte?
Il faut comprendre que l'Égypte a une culture plus européenne que les autres pays arabes, à cause du canal de Suez, qui favorise les échanges. Mes parents étaient des coptes (*NDLR: Catholiques originaires d'Égypte*). Quand Nasser a pris le pouvoir, il leur a fait comprendre, comme à des milliers d'autres personnes,

que l'Égypte appartenait aux Arabes. Pour la bourgeoisie, c'est devenu plus difficile d'y vivre. Nous avons alors immigré au Canada. Les Égyptiens sont un très vieux peuple. Ils croient énormément à la réincarnation, à la vie après la mort. Ils sont très superstitieux. Par exemple, ils croient au «mauvais œil», celui qui apporte la malchance. Ma sœur est très versée dans ce genre de trucs, et ses croyances m'ont beaucoup influencé.

Peux-tu nous donner un exemple qui illustre ces croyances?
Mon père est mort un mois avant la naissance de mon fils Xavier, en 1989. Lorsqu'il avait à peine trois ans, mon garçon a

demandé à ma mère, en regardant des photos de mon père: «Ça, c'est grand-papa mort, n'est-ce pas?» Ma mère lui a répondu que oui, et il a poursuivi: «Tu souffres beaucoup de l'absence de grand-papa, pas vrai? Il ne faut pas que tu t'inquiètes, grand-maman, il va revenir en petit bébé et être avec toi tout le temps!» Ma sœur, qui a assisté à la scène, était bouleversée: «Mais d'où sort-il ça, celui-là?» Puis elle

on va faire pour s'en sortir, on se projette dans l'avenir! Il m'a fallu beaucoup de temps avant de comprendre le message et de le mettre en pratique. Pour un acteur ou pour tout autre pigiste, il y a des moments complètement «morts». Warren voulait nous faire comprendre qu'angoisser n'apporte pas de travail. Même si je reste assis à côté du téléphone à attendre l'appel des producteurs, ça ne me fera pas obtenir

«J'ai décidé de me mettre en action, sans avoir d'attentes»

s'est mise à dire que mon fils devait être la réincarnation de mon père! Qu'un enfant ait sorti une chose pareille alors qu'il ne connaissait rien de la réincarnation nous a amenés à penser qu'il devait savoir quelque chose qu'on ignorait. Cela dit, j'ai adopté plus tard une philosophie différente, basée surtout sur l'instant présent.

Comment cette autre philosophie est-elle apparue dans ta vie?
Pendant 10 ans, j'ai participé à des ateliers pour acteurs animés par Warren Robertson. Il nous disait tout le temps de vivre l'instant présent, que les réponses à nos questions viendraient toutes seules. C'est bien beau tout ça, me disais-je, mais quand on est dans le trouble, on essaie de voir comment

le rôle. Maintenant, quand je passe une audition, je l'oublie en sortant du studio. Ma philosophie, c'est de ne pas avoir d'attente et de me mettre en action, tout simplement. C'est aussi de faire des demandes claires à l'Univers pour qu'il les exauce. Je suis extrêmement branché sur l'Univers!

Comment fais-tu pour te brancher sur l'Univers?
D'abord, j'écris ce que je souhaite obtenir sur un bout de papier que je mets dans ma poche. Je fais très attention à ma façon de formuler les choses, parce qu'on reçoit exactement ce qu'on a demandé. Si je me suis mal exprimé, je recevrai quand même ce que j'ai demandé… mais ça ne correspondra pas nécessairement à ce que je souhaitais.

Tu crois donc à une force supérieure?

Je ne suis pas pratiquant, mais j'ai des croyances catholiques. Si je n'étais pas assez modeste pour penser qu'il y a quelque chose de beaucoup plus fort que moi me venant en aide et me reliant à mon propre pouvoir, mon existence serait dépourvue de sens. Le fait de demander crée une réalité qui permet aux choses de se produire. Je le crois vraiment. Par immanquablement à autre chose. Des messages me sont envoyés pour me dire qu'on a besoin de moi ailleurs. C'est comme ça que ça s'est produit pour *Tadros chante Bécaud*. Un autre exemple: je fais beaucoup de doublage en cinéma. Après 10 ans d'introspection par rapport au jeu d'acteur, je savais que je pouvais être un bon coach. J'en ai donc fait la demande et, le mois suivant, je suis devenu

«Je ne suis pas pratiquant, mais j'ai des croyances catholiques»

exemple, j'ai toujours voulu écrire une comédie musicale. En 2002, après le spectacle *Roméo et Juliette*, je me suis retrouvé sans travail, ni plus ni moins. J'ai alors décidé de me mettre en action, sans avoir d'attentes. J'ai demandé à l'Univers de m'aider à trouver le filon et j'ai eu l'idée de créer un spectacle autour de César et Cléopâtre. Cette comédie musicale n'a pas encore vu le jour; mais, en ouvrant une porte à l'Univers, j'ai ouvert mon canal.

Qu'est-ce que ça t'a apporté?

Ce projet, qui mettait en valeur mon pouvoir créatif, m'a amené des tas d'autres jobs. Quand je me lance à fond dans un projet, qu'il aboutisse ou non, il me mène directeur de plateau de doublage, l'équivalent d'un coach d'acteurs!

Quelle demande fais-tu à l'Univers pour les mois qui s'en viennent?

Que le spectacle *Nostalgia* – qui porte sur les grands de la chanson française et met notamment en vedette des ex-académiciens – soit un gros succès tout l'été au Box Office de Drummondville. *(NDRL: Vérifications faites, le voeu de Manuel a été exaucé!)* ■

Julie Caron

HUMORISTE GRÂCE AUX LIGNES DE LA MAIN

Un jour, alors qu'on lui lisait les lignes de la main, Julie Caron a appris qu'elle devait être humoriste, mais qu'elle ne disposait que d'un an pour y parvenir. La jeune femme a pris son courage à deux mains et promène aujourd'hui son one woman show partout au Québec.

Quand elle était petite, Julie avait un ami imaginaire du nom de Nick Polaï. Un jour, elle est rentrée chez elle en pleurant et a dit à sa mère: «Il est parti.» Aujourd'hui, Julie ne croit plus aux amis imaginaires. Elle croit plutôt être accompagnée depuis sa tendre enfance par des anges et, depuis peu, par son père qui est décédé en 2004.

Julie, d'où te vient cet intérêt pour l'ésotérisme?

Je suis super ésotérique depuis l'adolescence! Mes amies et moi, nous allions souvent voir des médiums. Je trouve inconcevable qu'il n'y ait rien après la mort. Ça ne se peut pas! Nous travaillons tellement fort sur nous-mêmes pendant notre vie, nous sommes tellement différents les uns des autres, qu'il est impossible que tout se termine avec la mort. En fait, je crois que nous venons faire nos devoirs sur Terre. Est-ce que je peux avoir ma note à la fin de ma vie, S.V.P.? Il me semble que c'est ça, le but d'une âme. Trop d'êtres viennent au monde avec quelque chose de spécial.

Qu'est-ce qui te fait croire que nous naissons avec un bagage?

Pensons simplement aux jumeaux identiques. La plupart, même s'ils sont élevés de la même manière et qu'ils partagent le même code génétique, ont des talents différents. C'est pareil pour

l'humour. J'ai des amis plus drôles que moi, mais ils ne monteraient pas sur scène devant 200 personnes. Je ne pense pas qu'on puisse se forger un talent, on naît avec. Il y a deux ans, je suis allée voir une astrologue. Elle ne savait pas que mon conjoint était aussi mon gérant. Elle m'a dit que ça faisait plusieurs vies que nous étions ensemble dans le domaine des arts. Selon elle,

As-tu eu d'autres expériences marquantes avec des médiums ou d'autres types de clairvoyants?

C'est grâce à une chirologue (*NDLR: Une personne qui lit dans les lignes de la main*) que je fais le métier d'humoriste. En 1998, elle m'a dit: «Là, Julie, il faut que tu changes de vie. Il faut que tu te diriges vers les communications.» J'ai été surprise qu'elle me dise ça, parce que j'ai toujours voulu

«Nous venons sur Terre pour faire nos devoirs»

nous avons toujours travaillé ensemble et nous en avons arraché! Il semble que nous sommes venus achever ce que nous tentons de faire depuis de nombreuses vies: connaître le succès. Les paroles de cette femme me «parlaient» tant! Stéphane et moi, nous travaillons ensemble 24 heures sur 24. Nous avons consacré beaucoup de temps au projet qui vient enfin d'aboutir: la première de mon one woman show. Mais c'est sûr que les choses sont encore difficiles. Quand on décide de devenir humoriste à 30 ans et qu'on part de rien, qu'on laisse tout tomber pour ça, on n'a plus aucune sécurité. Pour prendre un tel risque, nous devions sentir tous les deux que nous étions déjà équipés pour le faire.

être humoriste. Par contre, je croyais que c'était impossible, d'autant plus que j'étais déjà dans la trentaine! Elle m'a dit qu'il fallait que je me présente devant les gens, parce que j'avais des choses à leur dire. Je l'écoutais et je n'arrêtais pas de pleurer et de lui répéter: «Je le sais, je le sais!» Puis, elle a ajouté: «Tu as un an pour le faire, pour enclencher le processus. Sinon, ton balancier va se déplacer et, même si dans 10 ans tout se passe très bien pour toi, tu feras un *burnout*.»

Il faut croire que tu l'as bien écoutée!

Pas au début. C'est seulement six mois plus tard que j'ai repensé à elle et que je me suis mise à avoir la chienne en me disant: «Il ne me reste que six mois, et je ne sais pas quoi faire!» Là, plusieurs coïncidences se sont produites et m'ont amenée à rencontrer un producteur à Montréal. C'était quelque chose pour moi, une telle rencontre! Parce que je faisais des crises d'angoisse simplement en traversant le pont. Après, chaque fois que je prenais une initiative, ça marchait. Toutes les portes s'ouvraient. Il y a du monde en haut qui nous aide,

un carcan – celui du pourvoyeur, du gars qui ne pleure pas et qui n'a jamais de faiblesse. Ça prend des vies pour se sortir de ce moule-là. Je crois vraiment qu'on choisit sa vie, même si c'est parfois difficile à assumer. Nous n'avons pas tous les mêmes choses à vivre.

As-tu modifié certaines habitudes depuis qu'il est parti?
Son décès a créé en moi un

«Il y a du monde en haut qui nous aide. Des anges sont là pour nous.»

c'est sûr. Je pense que des anges sont là pour nous.

Ton père est décédé en 2004. Est-il encore présent pour toi?
Oui. Je sens qu'il l'est davantage aujourd'hui qu'avant, mais je le laisse libre. Je crois qu'il est encore en «convalescence» là-haut. Il était d'une bonté infinie. Je ne pense pas que le purgatoire existe, je crois plutôt au bilan. À mon avis, c'est très beau le paradis – il y a des anges, avec plein de comités: le comité d'accueil, par exemple, où se trouve ma grand-mère. Beaucoup de monde doit s'occuper de mon père. J'espère qu'il est dans un endroit rempli de lumière, qu'il est entouré d'amour et qu'on le berce. Les hommes de sa génération ont été pris dans

sentiment d'urgence et m'a fortement incitée à choisir ma vie et à me donner à fond. Ma carrière a complètement changé! Depuis un an, on me dit souvent: «Ben voyons, Julie, qu'est-ce qui se passe? On dirait que tu as acquis cinq ans d'expérience en six mois!» Son départ m'a obligée à vaincre mes peurs. ■

www.hahaha.com/humoristes/julie-caron

Claude Steben

«PASSER D'UNE VIE À L'AUTRE»

L'ex-Capitaine Cosmos croit que les âmes viennent visiter la Terre en s'incarnant dans des corps. C'est pour leur offrir cette chance qu'il a eu ses cinq filles!

Claude Steben a marqué l'imaginaire de toute une génération avec la phrase légendaire du Capitaine Cosmos, qu'il incarnait dans *Les Satellipopettes*: «Que la force soit avec toi.» Mais au-delà de l'expression consacrée, il savait de quoi il parlait puisque cette force, qui l'habite encore aujourd'hui, est plus solide que jamais. À 62 ans, Claude a gardé son cœur d'enfant et continue de cultiver une foi inébranlable en la vie.

Claude Steben, vous êtes un homme de convictions profondes. Quelles sont vos croyances en ce qui concerne la vie après la mort?
Premièrement, on parle ici de mes croyances à moi. Je n'essaie jamais d'imposer ce que je crois à qui que ce soit, même pas à mes enfants. Bien sûr, on a eu l'occasion d'en discuter. Tu sais, quand les enfants prennent conscience de la mort, ils ont peur. C'est toujours à cette occasion que j'ai abordé le sujet avec eux, pour les rassurer. Je crois que si j'avais continué à être Capitaine Cosmos, j'aurais sorti un livre d'images à ce sujet. Je leur aurais parlé d'une belle grosse boule de lumière blanche avec une petite partie noire. Tout ce noir, on a décidé un jour de le diviser en milliards de particules infimes qu'on a envoyées sur la Terre vivre une expérience unique, une occasion de se blanchir pour mieux revenir à UN, la grosse boule blanche. Et on fait,

La vie après la mort

comme ça, des voyages et encore des voyages, ici ou ailleurs sur d'autres planètes… parce qu'il faudrait être vraiment prétentieux pour croire qu'on est seul parmi ces milliards de soleils. C'est évident qu'il doit y avoir des planètes comme la nôtre autour de tous ces soleils, habitées par des formes de vie.

Donc, vous croyez à la réincarnation?

Oui! Je pense qu'on se promè-

rêves. Je sais qu'il est pourtant possible d'avoir des contacts avec les âmes et j'aimerais beaucoup en vivre l'expérience.

Claude, vous avez eu cinq filles, de deux unions. Est-ce que votre choix de fonder une deuxième famille a été guidé par vos croyances?

Complètement. Je vais te raconter une anecdote. J'ai d'abord eu une première fille, puis une deuxième, et ensuite, les

«J'étais vasectomisé depuis 18 ans»

ne d'une vie à l'autre. Quand on quitte un corps, on revit ensuite dans un autre corps, puis on meurt, et on revit jusqu'à ce qu'on redevienne blanc. Ce qu'on fait de mal ne nous noircit pas davantage, mais repousse le moment où on retourne à cette entité blanche, ou à Dieu, si tu préfères.

Comment en êtes-vous arrivé à adopter ces croyances?

C'est simple, sans ça, la vie n'a aucun sens. Moi, je suis Italien. En fait, ma mère l'était. Elle est décédée alors que je n'avais que trois ans, après avoir donné naissance à mon frère. J'ai été élevé par ma grand-mère maternelle. Plus tard, on s'est promis, elle et moi, que le premier qui partirait reviendrait donner un signe à l'autre. Elle ne s'est jamais manifestée, même pas dans mes

jumelles sont arrivées. Avec la carrière et tout le reste, j'ai décidé que c'était assez et je me suis fait vasectomiser. Là, le sentiment de culpabilité s'est mis à me hanter de plus en plus… tellement que ça m'a rendu malade. Je me trouvais égoïste de ne plus donner la chance à d'autres âmes de venir faire leur voyage ici. Mais j'ai fini par me convaincre que c'était mieux comme ça, surtout quand mon épouse et moi avons décidé, par la suite, de nous séparer. Quelque temps après, j'ai rencontré une autre femme qui, elle, avait déjà deux enfants. Je les ai adoptés. Après quelques années, ma conjointe a voulu avoir un autre bébé. Elle m'a persuadé d'aller voir un médecin, qui m'a presque ri au visage en apprenant que j'étais vasectomisé depuis 18 ans.

«Oublie ça, m'a-t-il dit, après 11 ans (c'est notre record), les chances que ça marche sont pratiquement nulles.» Il paraît que le système s'atrophie et ne fonctionne plus.

Qu'avez-vous fait?

De retour à la maison, j'ai raconté tout ça à ma femme, qui continuait d'exercer de la pression pour que je consulte un autre médecin. Et un autre. Finalement, au troisième docteur, j'ai réussi à obtenir l'opération…

Et alors? Avez-vous battu un record?

Ouiiii! Mais attends, je demeurais convaincu qu'on n'aurait jamais d'enfant… sauf que trois mois plus tard, elle était enceinte! Alors le doute s'est installé. Je me suis monté un scénario épouvantable, j'étais sûr qu'elle avait organisé ça avec quelqu'un d'autre, que ça ne se pouvait pas… Et évidemment, je n'en parlais à personne! (*Rires*) Enfin, j'ai assisté à l'accouchement, comme pour mes quatre autres filles. Quand la petite est sortie… c'était le portrait tout craché de sa grande sœur et de son père!

Bref, aucun doute sur la paternité, elle est bien à vous, celle-là aussi!

C'est moi en peinture, au féminin. Depuis, j'ai le goût de vérifier si je bats le record Guinness du «bébé né après la plus longue vasectomie inversée»! Bon, tout ça pour te dire qu'il fallait qu'elle vienne au monde, cette enfant-là. C'était écrit quelque part que, pendant mon passage sur la Terre, celui-ci du moins, je devais mettre cinq filles au monde. Et il m'en manquait une. Le destin a fait que j'ai rencontré ma blonde et qu'elle m'a poussé dans le derrière pour que je me fasse «rebrancher». J'ai pu me réconcilier avec «l'égoïste» en moi!

Comme ça, vous croyez forcément au destin?

J'ai tellement d'histoires reliées au destin que je ne peux faire autrement que d'y croire. C'est le destin, entre autres, qui m'a amené à faire de la télé dans les années 1970. C'était la fin des cabarets, je venais de fermer mon école de chant et j'avais décidé de partir en voyage avec ma femme, sans savoir ce que je ferais en revenant. J'avais dit à mon frère, qui s'inquiétait de me voir sans emploi, que je deviendrais animateur de télé! Pendant mon absence, il m'a découpé une petite annonce parue dans le journal demandant un animateur à Télé-4 (*NDLR: TVA Québec*). À mon retour au Québec, trois semaines plus tard, personne n'avait encore été engagé… et c'est moi qui ai décroché la job! ■

Jean Roy

« JE SUIS DEVENU GUÉRISSEUR PAR ACCIDENT »

D'hypnotiseur à prof de yoga, en passant par guérisseur et conférencier, Jean Roy a acquis au fil des années une force spirituelle et une maîtrise de ses capacités psychiques exceptionnelles. Un homme à découvrir, au-delà du clown!

Même s'il a créé les Foubrac il y a déjà 29 ans, Jean Roy est bien loin d'être fou braque dans la vie. Depuis sa tendre jeunesse, sa curiosité l'a amené à explorer les zones les plus obscures du cerveau et de l'âme humaine…

Jean, quand avez-vous découvert la spiritualité dans votre vie?
Vers 12 ou 13 ans. Je donnais déjà des spectacles d'hypnose, à la suite desquels le public venait me voir pour des consultations privées. Je n'étais qu'un adolescent, et les gens me racontaient leurs problèmes de couple! Je me souviens qu'à 13 ans, je me suis acheté un livre sur l'accouchement naturel. Mon frère se moquait de moi en me demandant si j'avais commencé à pratiquer mes exercices de respiration, mais moi, je ne m'intéressais à ce livre que pour ses techniques de relaxation. J'étais passionné par le contrôle du cerveau sur le corps. J'ai fait beaucoup d'expériences de télékinésie et de transmission de pensées.

Quel genre d'expériences faisiez-vous?
J'allais entre autres dans des restaurants pour observer les gens et leur faire faire des trucs grâce à la télépathie. Un jour, j'ai regardé un homme en lui disant, dans ma tête, qu'il allait tomber par en arrière. J'avais pratiqué ma concentration à un

point tel qu'il s'est vraiment retourné pour voir qui le tirait vers l'arrière! J'étais rendu tellement efficace qu'un médecin s'est intéressé à mes capacités d'hypnotiseur et m'a demandé de faire des anesthésies naturelles. Il est malheureusement mort dans un accident d'avion avant qu'on commence l'expérience. Disons que ç'a coupé court à ma carrière scientifique! Mais j'étais vraiment

Traitiez-vous aussi les gens avec l'hypnose?
Oui, je suis même devenu guérisseur par accident. Je ne me suis jamais fait payer pour ça, mais j'aimais beaucoup aider les gens. Certains venaient me voir pour arrêter de fumer ou se guérir d'une maladie. De fil en aiguille, ça m'a amené à enseigner le yoga pendant 15 ans. J'ai même développé ma méthode personnelle à partir d'auto-

«À 12 ou 13 ans, je donnais déjà des spectacles d'hypnose»

très bon en recherche parce que j'étais passionné par tout ce qui se faisait sur le sujet.

Qu'avez-vous appris sur le cerveau humain?
J'ai compris à quel point on est conditionnés et manipulés. Une fois, un type m'a demandé s'il allait nécessairement faire ce que je lui demandais sous hypnose, même s'il s'était conditionné avant la séance à ne pas répondre à mes ordres. On a fait le test. Pendant son sommeil, je lui ai dit de manger de l'herbe. Je le voyais grimacer et résister. Je l'ai alors amené à penser qu'il était un animal (un détour de conscience utilisé en pub) et à se voir en lapin. Quand il s'est réveillé, il avait de l'herbe dans la bouche!

hypnose, de yoga et, bien sûr, d'une grande dose de folie. Je voulais rendre les gens responsables de leur propre guérison. Moi, quand je vais chez le dentiste, par exemple, je peux subir un traitement de canal sans anesthésie grâce à la maîtrise que j'ai acquise!

Avez-vous acquis d'autres capacités psychiques?
J'ai beaucoup de visions prémonitoires. Un jour, j'ai dit à Yvon (*Tourigny, son partenaire des Foubrac*): «Je vois du décès dans ta famille, c'est ta mère ou ton frère. Je pense que c'est ton frère, et ça se passe à la mine ou en auto.» Eh bien, une semaine plus tard, son frère de 37 ans s'est tué en auto… en sortant de la mine où il travaillait. J'ai aussi vu le drame de Saint-Jean-Vianney

avant qu'il ne se produise, en 1971. J'étais dans un état de semi-conscience, entre le sommeil et l'éveil, et j'ai vu tout à coup la lumière s'éteindre dans un endroit que je ne pouvais identifier. J'entendais des cris et je voyais des gens se faire ensevelir. Je voyais même tomber les briques des murs. Une semaine plus tard, j'ouvrais mon journal pour y lire un article décrivant en grande partie ce que j'avais vu!

de venir dans un monde limité pour apprendre et évoluer. Ce que je veux dire, c'est qu'on évolue à travers les difficultés qu'on rencontre. C'est comme si on choisissait notre vie pour y chercher une expérience qu'on n'a pas encore vécue et l'ajouter à notre bagage.

Pourquoi, d'après vous, faut-il avoir tout oublié quand on commence une nouvelle vie?
Parce que si on s'en rappelait,

«J'étais dans un état de semi-conscience entre le sommeil et l'éveil»

Comment concevez-vous la vie après la mort?
Pour moi, on vient d'une autre dimension. On décide un jour

on ne serait plus libre, on n'aurait plus le libre arbitre. Tant qu'on peut se tromper, tant qu'on peut faire des gaffes et agir en nono, on apprend.

Je dis souvent que certaines personnes sont là pour jouer le même rôle qu'un moustique, c'est-à-dire pour nous apprendre à être patient. ∎

www.lesfoubrac.com

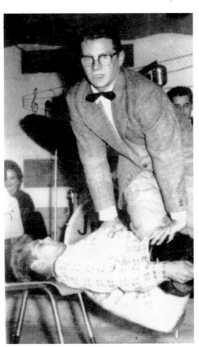

Jean Roy, tout jeune, lors d'un de ses spectacles d'hypnose

Jean Gendron, dit Jeannino
LE MAGNÉTISME DANS… LES MAINS!

Prolongeant la tradition du Grand Roméo, à l'époque glorieuse des cabarets, Jeannino fait courir les foules, curieuses de le voir mettre en œuvre ses dons de magnétiseur. Rencontre avec un des derniers de la profession.

Jean Gendron, dit Jeannino, est un spécimen en voie de disparition. Tel un saltimbanque venu d'un autre siècle, il trimballe son spectacle d'hypnotiseur de ville en ville, à la rencontre d'un public toujours friand de ces bizarreries un peu mystiques. Initié par le Grand Roméo, il n'a jamais cessé de soulever la curiosité des foules. Depuis six ans, il fait fureur dans les rues du festival Juste pour rire, où, sous son influence, les spectateurs qui ont le courage de monter sur scène dansent le ballet, jouent du piano, chantent l'opéra en japonais ou se prennent pour Superman. Et je dois admettre que j'ai ri aux larmes en voyant sur son site Internet quelques extraits vidéo de ce spectacle hors du commun. Que les sceptiques soient confondus!

Jean Gendron, vous êtes le seul hypnotiseur au Québec à utiliser le magnétisme pour «endormir» vos sujets. Expliquez-nous votre technique.

Environ 4 personnes sur 10 sont réceptives à l'hypnose par magnétisme. J'étais moi-même un très bon sujet pour l'hypnose, et c'est comme ça que j'ai découvert mes facultés de magnétiseur. Je faisais des spectacles de magie quand j'ai participé à une démonstration du Grand Roméo, qui arrivait facilement à me barrer les mains ou les pieds, ou encore à me rendre muet, grâce à ses seuls pouvoirs énergétiques. J'ai voulu apprendre

La vie après la mort

la technique, et c'est lui le premier qui m'a dit que j'avais un don de magnétiseur.

Quelle est la différence entre les techniques de suggestion et le magnétisme?

En clinique, les thérapeutes utilisent la suggestion pour placer leurs sujets en état d'hypnose. C'est une technique vocale qui plonge le patient dans un état de détente profonde. Le magnétisme, lui, est basé sur

m'aide à savoir qui sera facile à hypnotiser.

Est-ce que tous vos cobayes réagissent de la même façon?

Non. Une fois que les spectateurs sont sur scène, on peut les classer en trois catégories. Ceux qui «tombent en ondes alpha», c'est-à-dire qui sont conscients de ce qu'ils font, mais qui n'ont pas le pouvoir de décider s'ils veulent exécuter ou non ce que je leur demande. Ceux qui

«Je sens un courant qui passe entre la personne et moi»

l'énergie. Tout est champ magnétique, vous savez. Ce pouvoir, que peu de gens ont développé, dégage une certaine chaleur. Quand ils sont magnétisés, les sujets sentent une sorte de courant électrique ou ont l'impression d'avoir une toile d'araignée dans les mains.

Et vous, comment savez-vous que les spectateurs seront de bons sujets pour l'hypnose?

C'est difficile à exprimer, mais je sens un courant, une sensation étrange ou une force qui passe entre la personne et moi. Je fais souvent le test des mains barrées avant de choisir mes candidats. Je demande à tous les gens dans la salle de joindre leurs mains en croisant leurs doigts, et je les observe. S'ils n'arrivent plus à les ouvrir, c'est un bon indice; cela

deviennent léthargiques: ils ne sont pas conscients, mais, plus tard, ils se souviennent d'avoir fait ce que je leur disais. Et enfin, ceux qui sombrent dans un somnambulisme profond et qui ne se souviennent de rien.

Comment croyez-vous avoir développé ce don?

Je suis un autodidacte. J'ai toujours eu certains dons, mais je crois que les épreuves et les émotions fortes m'ont aidé à développer mes facultés innées.

Quel genre d'épreuves?

J'ai notamment vécu beaucoup de rejet dans ma jeunesse. J'étais dyslexique et je bégayais. Par conséquent, on s'est beaucoup moqué de moi à l'école. En plus, j'ai vu ma mère mourir à côté de moi dans un accident de voiture. Tous ces tests de la vie m'ont amené à développer mes dons. Et c'est une roue qui tourne: plus on est conscient d'avoir des facultés, plus elles se manifestent, donc plus on est témoin de phénomènes mystérieux.

Avez-vous d'autres facultés?

Oui, je suis clairvoyant, entre autres. J'ai souvent des visions. Par exemple, une semaine avant les événements du 11 septembre, j'étais assis au resto

mier dans une vie antérieure. Après vérification, j'ai pu confirmer que le fermier dont il m'avait parlé avait bel et bien vécu et que les faits concordaient. Je l'ai ensuite incité à aller en avant dans le temps. Il me disait qu'il se voyait dans un autobus qui tombait dans un ravin. Après, plus rien, il n'y avait que du noir. Un an plus tard, cet homme est mort dans l'accident de Charlevoix. Est-ce une mémoire génétique ou une

«J'ai ramené quelqu'un jusqu'à sa naissance»

avec des amis quand j'ai vu des avions rentrer dans des édifices. Sur le coup, j'ai même dit, à la blague, que c'étaient des tours gouvernementales!

Croyez-vous en Dieu?

Oui, je crois en un être suprême, pas le patriarche que la religion nous a imposé, mais une Force ultime. Je suis convaincu que le temps n'existe pas. C'est pour ça que certaines personnes ont des visions de l'avenir ou du passé. Au cours de mes nombreuses expériences, j'ai fait des régressions avec des sujets volontaires. J'ai notamment ramené quelqu'un jusqu'à sa naissance grâce à l'hypnose. Il pouvait même voir le nom du médecin et l'heure à laquelle il était né dans la chambre d'hôpital. En reculant encore, il s'est mis à me raconter qu'il était fer-

mémoire du temps? Si on peut se projeter dans l'avenir, moi j'en conclus que le temps n'existe pas et que toutes nos vies se passent en un seul temps.

Pourquoi ne pas chercher à voir dans l'avenir, les numéros de la loterie?

J'ai essayé! Mais je n'ai jamais pu trouver plus de trois numéros gagnants. Est-ce une loi divine qui empêche les désirs de l'ego de se réaliser? C'est ce que je crois, en tout cas. ∎

www.jeannino.com

Anne Robillard

« LES GUIDES QUI M'ONT DICTÉ MES ROMANS »

C'est en rêve qu'Anne Robillard, l'auteure des *Chevaliers d'Émeraude*, a «reçu» l'histoire de sa grande saga fantastique. Médium à ses heures, elle travaille à d'autres projets, dont un qui lui a été transmis par un guide ayant vécu... il y a plus de 2 000 ans.

Anne Robillard dort très peu. Mais elle rêve beaucoup. Depuis 2002, sa vie a pris un tournant magique avec le succès monstre de ses romans, *Les chevaliers d'Émeraude* (500 000 exemplaires vendus). Grande fan du *Seigneur des anneaux*, Anne aura écrit des milliers de pages (12 tomes en tout), dictées lors d'un seul rêve par le chef des chevaliers, Wellan, qui lui a raconté en détail ses 40 années de guerre...

Anne, avec autant d'inspiration provenant d'une autre dimension, te poses-tu encore des questions sur la vie après la mort?
Non, mais c'est surtout parce que j'ai trouvé des réponses dans la vingtaine. Je venais de perdre ma petite sœur, qui n'avait qu'un an de moins que moi, quand j'ai sombré dans une dépression épouvantable qui a duré deux ans. Je pense que ç'a été le plus gros choc de ma vie. Je ne comprenais pas qu'on vienne la chercher, elle plutôt que moi. Je me suis alors jointe à un ordre fraternel, celui de la Rose-Croix, pour comprendre ce qu'il y a après la mort. Dans cet ordre, on m'a entre autres enseigné que rien ne peut détruire l'âme. À cette époque, ça m'a beaucoup aidée de croire que ma sœur «retournait simplement à sa salle de classe» pour évaluer la vie qu'elle venait de vivre et, ainsi, mieux préparer la prochaine.

**Tu crois donc aussi
à la réincarnation?**

En effet, tous ces enseignements m'ont amenée à y croire. Je ne suis restée que cinq ans parmi les rosicruciens. Ils n'allaient pas assez vite pour moi! Mais j'ai continué mes recherches et lu des tonnes de livres sur le sujet par la suite. Pour moi, il est clair que l'âme survit et qu'elle revient. Une fois, mes amies avaient organisé une sortie pour aller voir une médium. Je les ai accompagnées, sans avoir l'intention de rencontrer

mère qui a réussi à me sauver en me réchauffant! Après cette rencontre avec la médium, j'ai réglé à jamais mon problème de claustrophobie.

**Qu'est-ce que ces révélations
étonnantes ont changé dans
ta vie?**

C'est comme si la première porte de ma conscience venait de s'ouvrir. Le reste s'est fait tout seul. Je me suis mise à avoir des flashes de vie qui ne semblaient pas m'appartenir. J'ai eu le réflexe de noter tous ces bouts de vie sur des Post-it

«Pour moi, il est clair que l'âme survit et qu'elle revient»

cette femme en privé. Quand elle m'a vue, après que toutes les filles soient passées dans son bureau, elle m'a fait signe de m'approcher. J'ai protesté, mais elle m'a dit qu'elle savait que j'étais claustrophobe. J'ai pensé que mes amies lui en avaient parlé, mais non! «C'est dans ton aura, a-t-elle enchaîné. Ça vient de ta dernière vie. Tu es morte enterrée vivante à Avignon, en France. Et tu es née dans cette vie-ci complètement gelée, parce que tu venais à peine de mourir dans l'autre!» J'ai vérifié avec ma mère, et c'est bien vrai: je suis née encore mauve comme un cadavre, à l'image du personnage de Kira dans mes romans. C'est ma grand-

jaunes, puisqu'ils ne me revenaient pas nécessairement dans l'ordre. Ensuite, pour m'exorciser, j'ai fini par écrire une télésérie sur cette vie antérieure… qui attend toujours un producteur!

**Combien de vies antérieures
as-tu retrouvées comme ça?**

À force de recherches, j'ai retracé plusieurs vies récentes et d'autres beaucoup plus anciennes. Rien entre les deux. Par exemple, j'ai été un marchand atlante et avant, j'ai vécu sur d'autres planètes. Ça explique pourquoi, quand je suis allée voir le film *Star Wars* la première fois, j'avais l'impression d'être chez moi. Tout m'était familier!

Est-ce que ça te dérange qu'on te trouve «complètement flyée»?

Non, c'est pour ça que j'ai les cheveux mauves! Mon but, c'est de régler tous mes karmas dans cette vie-ci. J'ai postulé un poste d'ange dans ma prochaine vie! Je vais être plus efficace pour aider les autres sans enveloppe corporelle! *(Rires)*

Raconte-nous comment s'est passé ce fameux rêve à l'origine de tes romans fantastiques.

j'ai composé les sept premiers tomes en un an!

Peut-on dire que tu es un peu médium?

Oui, j'imagine. J'ai même rédigé un autre manuscrit en écriture automatique avec un guide de l'au-delà qui a vécu sa dernière vie il y a plus de 2 000 ans. C'est l'histoire d'un homme qui remonte dans ses vies antérieures pour mieux comprendre sa vie actuelle. La première fois que j'ai réussi à communiquer avec mon guide, c'était pendant

«Le grand chevalier Wellan m'a fait visiter le château d'Émeraude»

J'obtiens souvent des sagas complètes dans mes rêves. Quand une histoire me touche, je peux m'asseoir dans mon lit à 3 h du matin et noter des mots-clés pour m'en rappeler le lendemain. C'est ce qui s'est passé avec *Les chevaliers d'Émeraude*. J'ai rencontré le grand chevalier Wellan en armure et il m'a fait visiter le château d'Émeraude qui, en passant, est vraiment gigantesque. C'est encore si clair que je pourrais en faire le plan. Il m'a dit qu'il voulait me raconter son histoire. Quand je me suis réveillée, j'ai écrit tous les noms de ses frères et sœurs, des royaumes, etc. J'avais tellement d'informations dans cet unique rêve que

une séance de méditation offerte par mes amies en cadeau d'anniversaire. Depuis, je le vois et l'entends clairement. Il m'appelle toujours «femme de peu de foi» parce que je vérifie chaque détail historique qu'il me confie... Et toutes les fois, il a raison! ■

www.chevaliersdemeraude.com

Anique Poitras

SE LAISSER GUIDER PAR LES COÏNCIDENCES

La synchronicité est à ce point importante pour Anique Poitras qu'elle en a fait un mode de vie. Ces «coïncidences chargées de sens» guident même les personnages de ses derniers romans. Rencontre avec une auteure qui se dit elle-même un peu «sorcière».

Depuis qu'elle sait reconnaître les signes que lui envoie la vie – ce que certains appellent des «phénomènes de synchronicité» – Anique Poitras est en mesure de suivre sa véritable voie. La synchronicité est une théorie qu'a élaborée le réputé psychiatre suisse Carl Gustav Jung en 1930. Elle peut se définir comme l'ensemble des coïncidences significatives ou, si l'on préfère, des interférences inexpliquées qui ne doivent rien au hasard. Le psychologue Jean-François Vézina a traité de la question dans son livre *Les hasards nécessaires*. Anique Poitras a consulté ce spécialiste avant de se lancer dans l'écriture de ses deux derniers romans, *La chute du corbeau* et *L'empreinte de la corneille*, lesquels sont présentement réédités dans une version bonifiée intitulée *Sauve-moi comme tu m'aimes* (Québec Amérique). Grâce à cette collaboration, explique-t-elle, ses livres «ont trouvé un frère du côté de l'essai».

Anique, comment la synchronicité se manifeste-t-elle dans ta vie?

Si j'écris beaucoup de romans jeunesse, c'est grâce à la synchronicité. Tout a commencé par un rêve en 1990. Je terminais alors mon bac et je travaillais à un roman pour adultes depuis trois ans. Je me suis inscrite à reculons au cours de littérature jeunesse. Je n'avais pas encore d'enfant et le genre ne m'intéressait pas du tout.

La vie après la mort

La veille de mon premier cours, j'ai rêvé à ma tante Marie-Paule. Dans ce rêve, elle tentait de me parler, mais il y avait toujours quelqu'un qui passait devant nous et je ne l'entendais pas. Le lendemain matin, le téléphone a sonné. C'était une autre de mes tantes qui m'appelait pour me dire que Marie-Paule était entrée à l'hôpital. Je suis allée la voir après mon cours et elle m'a dit: «Anique, j'ai essayé de te joindre hier, fenêtre. Il n'y avait pourtant aucune feuille derrière la fenêtre! Quelques jours plus tard, tandis que je me rendais à une réunion importante, j'ai eu le sentiment très vif que je devais plutôt aller à l'hôpital. J'y suis arrivée à 20 h et j'ai pu tenir la main de Marie-Paule, qui est morte à 21 h 15. Je peux te dire que je ne l'ai pas abandonné, ce cours de littérature jeunesse! Ces coïncidences ont eu un très grand impact sur l'étudiante

«J'écris grâce à la synchronicité»

mais il y avait toujours quelqu'un qui entrait dans la chambre et je n'ai pas pu le faire.»

En quoi cette coïncidence a-t-elle influencé ton choix pour ce genre littéraire?
Tu vas comprendre… Au deuxième cours, après une petite séance d'imagerie mentale, le prof nous a demandé d'écrire un texte. L'image qui me venait alors à l'esprit était celle d'une femme couchée sur un lit à qui apparaissait, à la fenêtre, un personnage composé de feuilles de chêne. Après le cours, je me suis rendue à l'hôpital et j'y ai retrouvé Marie-Paule endormie. Mon autre tante, qui était à son chevet, m'a dit qu'elle avait dû fermer le store parce que Marie-Paule était terrifiée par une feuille de chêne qu'elle voyait à la

indécise que j'étais. J'ai su que j'étais enfin à ma place! Je reprends d'ailleurs cet épisode dans *L'empreinte de la corneille*.

Tu as rencontré Jean-François Vézina, l'auteur des *Hasards nécessaires*. Comment cela s'est-il passé?
C'est une autre histoire de synchronicité incroyable. J'avais lu un article sur son livre dans une revue mais, avec le temps, je l'avais complètement oublié. Puis, un jour, j'ai vécu un moment de synchronicité foudroyant. Ç'a été si fort que ça m'a complètement déstabilisée. Je ne peux pas en dire plus – je ne suis pas seule dans cette histoire –, mais je peux t'affirmer que j'ai instantanément pensé à ce livre. Je me suis donc présentée dans une librairie et j'ai demandé au commis de retracer

ce bouquin sur les coïncidences, mais en vain. Le lendemain, dans un dépanneur, mon regard a été attiré par la photo de Louise Portal, qui faisait la une d'un magazine où elle parlait des *Hasards nécessaires*! Elle racontait ce que la lecture du livre de Jean-François Vézina avait changé dans sa vie. Je me suis précipitée pour appeler le psychologue, et nous avons échangé longuement sur la synchroni-

Quelle place la spiritualité occupe-t-elle dans ta vie?

Si tu me demandes ce qui est le plus important pour moi, je te dirai que c'est la spiritualité. Tout en découle. Je ne peux pas être en harmonie avec le monde extérieur si je ne le suis avec moi-même. Ça m'a pris tellement de temps à comprendre des choses pourtant très simples. Aujourd'hui, le meilleur remède pour moi, c'est la prière à la gratitude que je fais tous les

«Pour être en harmonie avec le monde, je dois l'être avec moi-même»

cité. Disons qu'il a été pour moi une personne-ressource, qu'il m'a épaulée dans mon processus d'écriture. Je crois aussi l'avoir aidé dans son travail.

Comment ces «coïncidences chargées de sens» te guident-elles dans ton écriture?

Voici un autre exemple, toujours dans le cours de littérature. Plus tard durant la session, en faisant un exercice de visualisation, j'ai vu un flash de lumière éblouissant. Eh bien, le premier roman que j'ai écrit s'intitule *La lumière blanche* et commence avec une expérience de mort clinique. Aujourd'hui, plus de 100 000 exemplaires de cette série ont été vendus! Pour moi, il y a avant et après l'automne 1990, quand j'ai commencé à comprendre ce qu'est la fameuse synchronicité.

soirs. (*NDLR: Prière de remerciements. Les lecteurs de* Sauve-moi comme tu m'aimes *peuvent l'entendre sur le CD qui accompagne le roman.*) ▪

2. Auteurs de livres sur la spiritualité

Jacques Languirand
CHOISIR LA TERRE AVANT LE CIEL

Après avoir eu des contacts avec l'au-delà et donné des dizaines de conférences sur la mort, la réincarnation et le karma, Jacques Languirand a choisi de se recentrer... sur cette vie-ci!

Le très coloré communicateur Jacques Languirand n'a jamais caché son côté ésotérique un peu flyé. Il a d'ailleurs été un des premiers au Québec à afficher ses croyances *newage*, notamment à travers son livre *Karma et réincarnation* (Productions Minos), qu'il a écrit en 1984 en collaboration avec l'auteur Placide Gaboury.

M. Languirand, il y a longtemps que vous n'avez pas parlé de la vie après la mort. Avez-vous accroché vos «patins ésotériques»?
J'ai plutôt accroché mes djellabas et ma démarche «granoleuse»! Premièrement, je suis convaincu que la mort n'existe pas. Je demeure très intéressé par le sujet de la vie après la mort, mais pour de curieuses raisons, j'ai décidé de prendre du recul par rapport à toutes ces questions. À une certaine époque, j'ai lu une très grande quantité de livres et j'ai fait plusieurs expériences pour essayer de mettre en commun tous les éléments qui se recoupent au sujet de la vie après la mort et de la réincarnation. Après avoir écrit et parlé abondamment de ça pendant des années, j'ai eu l'impression d'avoir trouvé les réponses que je cherchais. Sans me prendre au sérieux et dans la perspective de «brûler mon karma», j'ai senti que je devais plutôt aborder des sujets qui aideraient les gens à mieux vivre leur quotidien et leur engagement dans la société.

La vie après la mort

Quelles expériences vous ont apporté ces réponses?

Entre autres, une soirée passée avec une femme médium qui, lorsqu'elle était en transe, sentait la présence d'êtres désincarnés. Elle m'a communiqué des informations extrêmement précises et d'une pertinence extraordinaire, notamment en me décrivant la maison de ma grand-mère où j'allais très souvent quand j'étais petit. Disons que j'avais un compte à régler

me dire «de faire attention aux couteaux»!

Vous avez dû être renversé?

Oui, surtout que dans la même séance, la médium m'a aussi donné des nouvelles de mon ami chanteur, Serge Deyglun, mort un an plus tôt. En fait, elle voyait un homme se marrer dans sa chaise berçante, chez lui, mais ne pouvait pas distinguer son visage. Elle m'a alors demandé si j'accepterais

«Quand ma grand-mère a communiqué avec moi à travers la médium...»

avec ma grand-mère et que c'était une chose connue seulement d'elle et de moi. Cette médium m'a transmis son message. Ce n'est pas très glorieux, ce que je vais vous raconter là, mais j'étais plutôt délinquant à l'adolescence. Un jour, je me souviens d'avoir saisi un couteau et d'avoir menacé ma grand-mère. D'un flegme épatant, elle était demeurée imperturbable devant cette menace. Elle s'était même mise à chantonner, ne croisant jamais mon regard, ce qui m'avait calmé. Mon geste m'a fait réfléchir beaucoup, après coup. Puis, on a «oublié» ça, en fait, on n'en a jamais reparlé. Eh bien, quand ma grand-mère a communiqué avec moi à travers la médium, elle s'est décrite, ainsi que la maison qu'elle habitait, et a insisté pour

qu'un ami à elle, un peintre qui voit les esprits, me le dessine… Le lendemain, elle a pris le téléphone et a décrit la scène à son ami en lui disant: «Je te l'envoie!» *(Lire ici par télépathie!)* Et lui de répondre: «C'est correct, je le vois!» Quand je suis allé chercher ma peinture, je n'en revenais pas. C'était Deyglun, habillé en Indien. Tous ceux qui connaissaient mon ami savaient qu'il était un grand amateur de chasse et de pêche, très proche des Amérindiens..

Y a-t-il eu d'autres manifestations qui vous ont apporté la certitude que la vie continue dans une autre dimension?

J'ai vécu plusieurs petits événements qui m'ont donné la certitude que les signes de la vie ne sont pas le fruit du hasard. Un jour, par exemple, une femme que je ne connaissais pas s'est présentée chez moi dans un état de grande agitation. Elle marchait dans mon salon avec un bocal dans les mains. Elle m'a dit: «Il s'est passé quelque chose aujourd'hui et j'ai su que je devais vous donner ceci.» Il y avait un scarabée doré dans son bocal. Quelque temps auparavant, j'avais eu une conversation avec un homme qui enseignait, tout comme moi, la symbolique dans une université. Nous avions échangé sur le scarabée d'or, symbole d'immortalité. Or cette femme était venue m'annoncer que l'homme en question était mort et que, depuis, elle était tourmentée. Lorsque le fameux scarabée est entré «par hasard» dans sa maison, elle a su qu'elle devait me l'apporter. J'ai vu là un signe, identique à celui dont parle le psychiatre suisse Carl Jung dans sa théorie sur la synchronicité. Toutes ces expériences étaient d'une telle précision que j'ai fini par dire, en m'adressant à ces âmes dans l'au-delà: «Très bien, messieurs-dames, merci beaucoup, aidez-moi maintenant à faire le travail que j'ai à faire ici sur Terre.» J'ai aussi compris, à ce moment, que je devais concentrer mes énergies ailleurs. À travers mon métier, je devais plutôt parler de société, d'amour, de psychologie, d'environnement, de la menace d'apocalypse qui pèse sur nous, etc.

Allez-vous aborder de nouveau le sujet de la vie après la mort?
Puisque je crois aux signes de la vie, je prends votre visite, madame, comme une information en ce sens, peut-être. J'ai un vieux manuscrit sur la mort, entièrement écrit, qui dort dans le sous-sol depuis 20 ans. J'aimerais le reprendre et voir où je me situe maintenant. Mais il faudrait avant tout que je le dépoussière, que je revoie toute cette documentation avec mon ami Placide Gaboury (*Voir prochain texte*) pour vérifier si elle est à jour et s'il veut toujours signer ce livre avec moi. Je suis à la disposition de l'au-delà, si on peut s'exprimer ainsi!

Depuis quelques années, vous êtes le porte-parole du Jour de la Terre, le 22 avril. Est-ce une cause spirituelle pour vous?
On peut faire ce lien, parce que si on continue comme ça, il n'y a pas grand monde qui pourra se réincarner sur cette planète! Je ne suis pas pessimiste, mais volontairement optimiste. On ne se rend pas compte de la misère que l'on fait à notre planète. J'ai adopté cette cause pour sensibiliser les gens à la fragilité de la Terre et à la nécessité d'agir. Maintenant. ◼

www.jourdelaterre.org

Placide Gaboury

« J'AI CONTACTÉ EINSTEIN ET JÉSUS »

Professeur de lettres et de philosophie pendant plus de 30 ans, auteur de nombreux livres, Placide Gaboury est un des phares de la spiritualité au Québec. Un homme unique.

En 1983, en raison de ses positions dissidentes, le jésuite Placide Gaboury est sommé par l'Église catholique de faire un choix: se soumettre ou quitter. Placide choisit alors la liberté. Grâce à ses écrits, cet enseignant, qui a été professeur de lettres et de philosophie pendant 34 ans à l'université, est un précurseur dans le domaine de la vie après la mort. Auteur d'une cinquantaine d'ouvrages sur la spiritualité, l'homme de 78 ans est toujours aussi intarissable quand on lui parle de l'âme, de l'au-delà et de l'immortalité.

Placide, pourquoi avez-vous quitté la vie religieuse?
Les jésuites voient la vie religieuse comme une formation militaire. Quand on appartient à cet ordre, on doit faire preuve d'une obéissance absolue, tout comme dans l'armée. On n'a absolument rien à dire, on exécute, et il n'y a pas de place pour l'émotion.

Qu'est-ce qui a changé votre manière de voir les questions religieuses?
Quand j'enseignais en Ontario, je côtoyais beaucoup les Amérindiens. Chez ces peuples, il n'y a pas de notion de hiérarchie. La religion est partout, dans la nature comme dans les hommes. Ce n'est pas pour rien que je me suis retrouvé parmi ces gens. J'avais besoin de comprendre que tout dans la vie est exploration et relation avec les autres.

**Qu'est-ce qui vous
a poussé à écrire?**

J'ai commencé par écrire sur des sujets spirituels, comme la fidélité à soi-même, la sexualité et l'amour, mais en les traitant de façon beaucoup plus large que ce qu'on fait en psychologie. Puis, je me suis intéressé de plus en plus à ce qui se passe après la mort, à la survie de l'âme. Certes, le corps a sa place, mais il ne dure pas toujours. Et si on croit que l'être photo de mon ancien professeur décédé, et elle l'a tout de suite reconnu!

Est-ce par l'intermédiaire de cette femme que vous avez «appris» ce qui se passe de l'autre côté de la mort?

Oui, j'ai fait plusieurs séances avec cette médium qui canalisait mon guide. Ces échanges m'ont beaucoup appris sur la vie dans l'au-delà. Vous savez, les âmes en savent pas mal

«Tout le monde est immortel»

humain n'est qu'un corps, on a une vision tronquée de la réalité. Qu'on parle d'émotions, de rêves, d'idéal… Tout ça dépasse de loin le monde physique.

Comment avez-vous eu vos premiers contacts avec l'au-delà?

Il y a plusieurs années, je don-nais régulièrement des conférences sur la rue Saint-Laurent. Un soir, la femme qui m'avait invité m'a dit: «Il y a quelqu'un à côté de vous?» Évidemment, j'ai d'abord trouvé ça un peu bizarre, mais je lui ai tout même demandé de quoi il avait l'air. Elle m'a simplement répondu: «Il est bien vivant et toujours à vos côtés.» J'ai pensé que c'était peut-être mon mentor du temps où j'étais élève à Saint-Boniface. À la conférence suivante, je lui ai apporté une plus que nous sur la vie après la mort! Finalement, ces rencontres ont duré près de 25 ans, et ce n'est qu'après 8 ans que j'ai eu la certitude qu'il s'agissait bien de mon mentor, le père Lucien Hardy. Elle m'a transmis une information que lui et moi pouvions seuls connaître. C'est alors devenu évident pour moi qu'il s'agissait de sa signature, que c'était bien lui. Il faut aussi dire qu'avant même de connaître cette médium, je m'étais éveillé au phénomène des contacts avec l'au-delà, dans les années 1970, notamment en lisant l'ouvrage de Rosemary Brown, *En communication avec l'au-delà*.

Qui vous sert de canal aujourd'hui pour poursuivre vos recherches?

Depuis un an et demi, je vois

régulièrement une femme qui me permet de communiquer avec qui je veux de l'autre côté. Je ne suis plus limité à mon guide. J'ai contacté Einstein, Jésus, Saint-Exupéry, Krishnamurti et d'autres encore. J'ai retranscrit tout le contenu de ces entretiens dans un livre qui s'intitule *Les compagnons du ciel* (Éd. Québécor). Ce qui est formidable, c'est que les lecteurs connaissent ces personnes-là. Les gens vont voir que la vie

de la médium, car elle était en transe profonde quand elle m'a transmis cette information.

Qu'allez-vous répondre aux sceptiques?

Vous savez, les preuves de la vie après la mort existent depuis toujours. Même Jésus en parle quand il se manifeste avec Moïse et Élie, morts des centaines d'années avant lui. Dans mon livre *Le pays d'après*, je donne au moins une quaran-

«La mort n'existe pas, le temps non plus»

continue, qu'il n'y a pas de distinction entre Socrate, qui a vécu il y a 2 500 ans, et un personnage des temps modernes. La mort n'existe pas, le temps non plus.

Qu'est-ce qui vous fait croire que la médium n'a rien inventé?

À un moment donné, on ne se pose plus ce genre de questions. Il y a des évidences que je n'ai plus à défendre. Je l'ai fait à maintes reprises, et des centaines d'autres ouvrages l'ont fait aussi. Quand j'ai demandé à Socrate, par exemple, s'il regrettait de s'être suicidé, je ne m'attendais pas à ce que sa réponse soit «oui», parce qu'il avait fait le choix de se donner la mort plutôt que d'être exécuté par le gouvernement d'Athènes. Ça ne vient pas de moi, ni

taine de références de bouquins que j'ai fouillés et qui apportent des preuves. Je montre dès le départ qu'on est immortel, même sans l'Église. Ici au Québec, on est encore un peu obsédé par la religion. C'est de la connerie de croire que seul Jésus est ressuscité. Ça ne lui est pas réservé. Tout le monde est immortel. Il faut savoir que quand on aime quelqu'un, ça continue dans l'autre monde. Et ça devrait être la mission de la religion, entre autres par l'intermédiaire des contacts avec l'au-delà, de relier les êtres entre eux et avec leur Source. ■

Daniel Meurois

«LES ÊTRES QUI M'ONT EXPLIQUÉ DIEU»

Traduit en 17 langues, Daniel Meurois a vendu à ce jour plus de 2 millions d'exemplaires de ses livres sur la spiritualité et la survie de l'âme. Cette fois, il s'attaque à gros: l'origine de Dieu!

Le célèbre écrivain Daniel Meurois s'est installé au Québec il y a quelques années pour y poursuivre sa carrière peu commune. Dans son 24e ouvrage, intitulé *Comment dieu devint Dieu* (Éditions Le Perséa), qu'il signe «comme une biographie collective», l'auteur nous convie à un voyage hors dogme où il a rencontré «des êtres d'un autre monde qui lui ont donné cet enseignement».

Daniel, commençons par le commencement. Comment s'est produite votre propre ouverture de conscience?
C'était en 1971, à l'âge de 21 ans, alors que j'étais étudiant en littérature à Lille, en France. Un soir, après une longue journée de cours,

j'étais allongé sur mon lit dans un état de relaxation profonde quand, tout à coup, j'ai été expulsé en dehors de mon corps. Il y avait donc une partie de moi qui voyait mon corps allongé sur le lit. Je n'étais pas simplement des yeux qui regardent un corps d'en haut, mais bien la conscience d'un deuxième corps, d'une consistance semi-électrique, semi-gazeuse qui voit l'autre couché sur son lit. Sur le coup, je croyais que j'étais mort! Puis, j'ai compris que j'existais dans un autre monde sous une autre forme, que j'ai appelée par la suite «le corps astral». Et je ne pouvais pas confondre avec un rêve, puisque j'étais hyperconscient.

**Avez-vous eu peur
de vous-même?**

Non, au contraire. Je me sentais très bien. Tous mes sens étaient décuplés. Je pouvais voir à 360 degrés, les meubles de ma chambre se mettaient à vivre comme si j'en voyais tous les atomes de la matière, j'entendais des sons provenant de très loin avec une acuité étonnante. Mais surtout, je n'arrivais pas à diriger ce deuxième corps qui flottait entre le lit et le pla-

corps, sans y arriver vraiment. Au bout de six mois, le miracle s'est reproduit. Une fois, deux fois, plusieurs fois. Quand j'ai commencé à comprendre comment je pouvais contrôler mes sorties de corps, j'ai voulu tester mes capacités de déplacement dans le temps et dans l'espace. J'allais par exemple chez des copains, à la vitesse de la pensée, et je leur rapportais ensuite la conversation qu'ils avaient eue entre eux à un mo-

«Je me suis senti aspiré dans une spirale de lumière»

fond. Je me suis retrouvé dans l'armoire de ma chambre en passant à travers la porte, sans maîtriser la direction. J'ai réalisé que la matière n'avait pas de prise sur cet autre «moi». Et puis paf! je me suis senti aspiré dans mon corps physique. C'est très bizarre, on se sent tout ankylosé et froid quand on revient à soi. Après ça, j'ai vraiment cherché à comprendre ce qui m'arrivait.

Et qu'avez-vous trouvé?

Pas grand-chose, en fait. Je me suis mis à fouiller les bibliothèques et les librairies pour trouver des livres qui pouvaient m'expliquer ce que je vivais, mais tout ce que je lisais sur le sujet était très peu détaillé. Par la suite, j'ai passé beaucoup de temps à essayer de reprovoquer le phénomène de sortie de

ment précis de la soirée! Je faisais ces exercices pour me confirmer à moi-même que je n'étais pas dans le rêve ou l'illusion. Mais au bout d'un moment, j'en ai eu assez, ça ne m'apportait rien au fond.

**Comment avez-vous réussi
à contacter les autres
dimensions que vous
décrivez dans vos livres?**

Un jour, alors que je m'étais volontairement mis dans un état de grande sérénité, uniquement en entretenant des pensées de joie et d'amour, je me suis senti aspiré dans une spirale de lumière, un peu à la façon des gens qui vivent des expériences de mort clinique. En une fraction de seconde, je me suis retrouvé dans un univers d'une beauté incroyable. Toutes mes expériences dans cet autre monde sont la source de mes deux premiers livres.

Êtes-vous chanceux ou mal pris avec cette faculté étonnante?

Je me suis rendu compte assez rapidement que goûter à ce qu'il y a dans ces autres univers est un couteau à deux tranchants. Il m'a fallu comprendre l'importance de la vie qu'on a sur Terre et à quoi elle sert pour registré sur une sorte de bande vidéo accessible dans une immense bibliothèque virtuelle. *(NDRL: Les fameuses Annales Akashiques dont parlait le grand médium américain Edgar Cayce.)* Et c'est en consultant ces annales, grâce à mes guides, que j'ai écrit la majorité de mes livres, tout en me mettant dans la peau des gens dont je parle. *(Voir notamment le livre De mémoire d'Essénien.)*

«Dieu est en fait un immense champ d'énergie»

accepter de faire des allers et retours comme ça, sans rester accroché à l'autre côté.

Justement, à quoi sert notre vie sur Terre, selon vous?

Pour moi, la vie, c'est un labourage de conscience. D'une existence à l'autre, la conscience se travaille à travers une multitude d'épreuves et reprend là où elle est restée en friche dans la vie précédente. Quand on a raté une leçon, ou qu'on n'a pas assez bien appris, tôt ou tard, on retrouve sur notre chemin le même type d'épreuves justement pour cultiver des qualités essentielles à notre évolution. J'ai aussi découvert au fil des ans qu'il existe une quantité d'autres mondes à différents niveaux de conscience. Tout ce qui est vécu dans ces mondes est en-

Votre dernier ouvrage peut faire sourciller par son titre? Expliquez-nous.

Comment dieu devint Dieu est en effet un titre qui peut sembler présomptueux. Il s'agit d'enseignements d'un groupe d'êtres d'un autre monde qui expliquent que Dieu est en fait un immense champ d'énergie dont on est issu, mais qu'on nourrit du même coup avec la floraison de nos consciences. Bien sûr, c'est beaucoup plus complexe que ça, mais pour schématiser grossièrement, l'homme serait comme une minuscule cellule d'un gigantesque corps qu'on appelle Dieu. ∎

www.alchymed.com

Marie-Renée Patry
S'INITIER AUX SPIRITUALITÉS DU MONDE

Comme Obélix, Marie-Renée Patry est tombée dans la marmite du druide quand elle était petite. Sa mission? Rendre la magie blanche accessible à tous. Rencontre avec une sorcière qui n'a peur ni de la science, ni de la religion.

En sabbatique pour une période de cinq ans qui tire à sa fin, Marie-Renée Patry s'est éclipsée du petit écran pour mieux se consacrer à ses projets d'écriture, dont un premier livre d'horoscopes traditionnels et fantastiques, intitulé *Sapiences* (Éditions du Roseau). Elle a aussi fondé Charme et Sortilège, une boutique spécialisée en magie blanche. Elle anime par ailleurs régulièrement des ateliers et donne des conférences «dans le but de faire découvrir aux non-initiés la pratique de la magie naturelle, une démarche spirituelle qui fait appel à nos ressources intérieures d'amour et d'harmonie». Moments magiques avec Marie-Renée.

Marie-Renée, comment as-tu été initiée à la magie?

Quand j'étais petite, mes parents et moi habitions avec mes grands-parents. Mon grand-père était une espèce de sorcier fou, adorable, mais considéré par plusieurs comme un vieux toqué. En fait, il était très connecté avec le sacré, qui se manifestait pour lui à travers les plantes. Il gardait toutes ses herbes dans un hangar situé en arrière de la maison. Dès que quelqu'un était malade ou qu'il y avait de la chicane dans la famille, il préparait de mystérieux sachets qu'il donnait aux gens pour les aider à guérir. Grand-papa pratiquait aussi le spiritisme. Souvent, je l'observais alors qu'il parlait à des gens que, moi, je ne voyais pas.

J'ai compris plus tard que mon grand-père était «clairaudiant».

Est-ce qu'il t'a transmis ses connaissances?

Oui, à partir de l'âge de sept ans, mon grand-père m'a demandé de l'assister parce qu'il souffrait de rhumatisme. Il ne pouvait donc plus broyer ses herbes. Quand je me mettais au travail, il s'approchait de moi et me disait: «Écoute bien ce que les herbes te disent. Sois avec des plumes dans le derrière en faisant des cercles sacrés pour la pratiquer! Selon moi, c'est quelque chose de très terre à terre. D'ailleurs, j'ai une formation d'architecte. J'aime avoir une approche scientifique avec une part de scepticisme. Au fil de mes recherches, je n'ai donc pas seulement acquis des connaissances, mais également plusieurs certitudes. On retrouve la magie blanche dans plusieurs traditions: le druidisme,

«Je ne fais pas apparaître de trucs comme le fait Harry Potter!»

attentive, elles te raconteront qu'elles peuvent soigner des gens.» J'étais convaincue que je ne serais jamais une bonne sorcière parce que je n'entendais rien! Par ailleurs, je me gardais bien de lui dire que, de mon côté, je voyais les plantes changer de couleur, croyant que tout le monde voyait la même chose que moi… Avec le temps, j'ai réalisé que j'étais plus visuelle qu'auditive et que je pouvais percevoir les mouvements des couleurs et des formes lumineuses.

Est-ce que la magie est nécessairement occulte?

Oh, bien sûr que non! Je me suis justement donné la mission de «désocculter» la magie. Les gens s'imaginent que la magie est très ésotérique, et qu'on doit, par exemple, se promener nu la kabbale, le chamanisme, le rosicrucianisme, la franc-maçonnerie et bien d'autres. En fait, on peut définir la magie blanche comme une démarche spirituelle qui nous rapproche du divin. Par exemple, le chaman est en contact avec le Grand Esprit, le druide avec les Dieux celtes, etc. La magie sert avant tout à se faire du bien, puis à en faire autour de soi.

Comment définir ta pratique de la magie?

J'aime penser que je suis une praticienne solitaire et éclectique! Plus précisément, cela veut dire que mes influences proviennent de plusieurs traditions. Un des premiers contacts que j'ai eu avec la magie blanche, ç'a été la wicca. C'est un système de magie qui a été inventé aux États-Unis dans les années 1950. Tout en restant fidèle aux principes de base, l'auteur a choisi de simplifier plusieurs techniques de différentes traditions pour les rendre accessibles au plus grand nombre de gens possible.

Donne-nous un exemple de pratique de la magie blanche.

Dans la magie au quotidien, on ne peut évidemment pas faire apparaître de trucs comme le fait Harry Potter! Par

nous consulter pour découvrir le *hoodoo*, une pratique similaire, mais orientée vers le bien. Toutefois, la majorité de notre clientèle est composée de praticiens de toutes les écoles: élémentalistes, druides, wiccans, shamaniques ou solitaires.

Pourquoi avoir écrit un livre d'horoscopes traditionnels?

J'ai toujours été allergique à l'horoscope qu'on vend quotidiennement aux gens, farci de

«Mes influences proviennent de plusieurs traditions»

contre, je peux décider de penser à ma grand-mère qui ne va pas bien et utiliser une baguette magique pour envoyer une pensée dans l'éther – ou dans l'air, si vous préférez. En étant vraie, en faisant une visualisation, en utilisant des mots qu'on appelle «de pouvoir», bref, en étant authentique dans l'énergie que je veux lui envoyer, je peux réussir à agir sur la matière.

Qui sont les gens qui fréquentent ta boutique de magie blanche?

On a une clientèle très variée. Par exemple, un prêtre peut venir à la boutique Charme et Sortilège pour y trouver les encens nécessaires à un exorcisme. À l'autre extrême, une Haïtienne qui a toujours eu peur du vaudoo *(magie noire)* peut

phrases toutes faites qui leur enlèvent complètement leur pouvoir. Quand j'ai eu envie de parler de magie à un public plus large, le prétexte des horoscopes traditionnels m'est venu en tête. Qui n'a pas envie de savoir à quelle lignée des chevaliers de la table ronde il appartient? Qui ne veut pas savoir quel signe atlante le représente? Le tout est accompagné de textes basés sur mes nombreuses recherches, ce qui me permet aussi d'aborder le sujet de la magie blanche, comme du druidisme. ■

www.charme-et-sortilege.com

Martine Vallée
LE RENDEZ-VOUS COSMIQUE DE 2012

Intéressée depuis son plus jeune âge par tout ce qui touche à l'inconnu, Martine Vallée s'est toujours laissée guider par son intuition. Elle a fini par en faire un métier: éditrice de livres sur la spiritualité.

Martine Vallée a toujours cru qu'elle venait des étoiles. À l'adolescence, elle a découvert les best-sellers *La vie des maîtres*, de Baird Spalding, et *La vie après la vie*, du psychiatre américain Raymond Moody, qui ont complètement transformé sa vie. Depuis, elle a lu tout ce qui lui tombait sous la main concernant la vie après la mort, les êtres des autres dimensions et les récits de *channels* de tout genre. Il y a 11 ans, elle s'est associée à son frère «de sang et d'âme», Marc Vallée, qui avait fondé quelques années auparavant la maison d'édition Ariane. Elle nous explique son évolution spirituelle et nous parle des événements qui sont sensés se produire d'ici 2012.

Pourquoi 2012? (N.D.L.R.)

Plusieurs sources affirment qu'à l'aube du 21 décembre 2012, le plan de notre système solaire sera aligné avec celui de la galaxie pour la première fois depuis 26 000 ans. Les résultats d'un tel alignement sont strictement conjecturaux, puisque aucune civilisation n'a pu nous transmettre une expérience aussi lointaine. Selon le Popol Vuh, un des livres sacrés des Mayas, nous entrerons dans un cinquième grand cycle de création. Il est impossible de savoir précisément ce que ces derniers voulaient dire, mais la date du 21 décembre 2012 retient énormément l'attention dans toute la littérature ésotérique et spiritualiste. Martine Vallée va

93   La vie après la mort

d'ailleurs publier à partir de 2007 une série de bouquins sur les événements reliés à 2012 à partir des canalisations des plus grands channels de la planète, dont Lee Carroll.

Martine, vous publiez chez Ariane des livres qui parlent de 2012, une année charnière qui serait porteuse de changements pour la Terre. Est-ce alarmiste?

L'année 2012 correspond en fait à la fin du calendrier maya.

cente par exemple, j'étais plutôt solitaire et j'aimais beaucoup me retrouver toute seule dans la nature. Une fois, quand j'étais plus petite – je devais avoir 10 ans –, je me souviens que j'étais étendue dans la neige en train de faire l'ange tout en regardant les étoiles, quand je me suis entendue penser: «Est-ce que quelqu'un sait que je suis là?» J'étais complètement fascinée par les étoiles et j'avais carrément la cu-

«Très jeune, je savais déjà que le hasard n'existe pas»

C'est une date annonçant un changement important. Il ne faut pas penser que l'humanité va disparaître. C'est plutôt comme la fin d'une époque. Les choses doivent changer, ce n'est pas un secret pour personne. La Terre va passer à autre chose. Il y a un nettoyage qui doit se faire. On doit revoir notre rapport à l'argent, entre autres, parce qu'il y a trop d'injustices. Mais 2012 n'est qu'une référence. Selon la littérature, il y a des parties de continents qui vont être englouties, et d'autres qui vont émerger pour nous montrer notre passé.

Comment as-tu découvert ton côté ésotérique?

J'ai toujours été différente des autres enfants. Adoles-

rieuse impression d'avoir été larguée sur Terre.

Je vivais un sentiment d'abandon très, très intense. Peu de temps après, alors que je construisais un fort dans la neige avec mon grand frère, Marc, je lui ai demandé s'il croyait que les gens des étoiles nous voyaient. Je me rappelle le sentiment de nervosité que je ressentais avant de lui poser la question, parce que j'avais peur qu'il se moque de moi ou qu'il pense que j'étais folle.

Qu'a-t-il répondu?

«C'est sûr qu'ils nous voient!» Quand je lui ai demandé comment il le savait, il m'a expliqué le plus naturellement du monde que les extraterrestres avaient des jumelles! Alors, pour être sûrs qu'ils nous repèrent facilement, on a mis un drapeau sur le sommet du fort. Cette simple réponse de mon grand frère, qui n'est que d'un an mon aîné, a complètement désamorcé mes inquiétudes.

Qu'est-ce que la lecture de livres spirituels a éveillé chez toi?

Très jeune, je savais déjà que le hasard n'existait pas. Quand j'ai lu sur la réincarnation par exemple, j'ai eu des réponses à toutes les questions que je me posais. Je me demandais entre autres pourquoi certaines personnes naissaient handicapées ou dans la misère. Pour moi, ça n'avait pas de bon sens qu'elles aient juste une vie. Grâce à ces lectures, je découvrais qu'elles auraient la chance de vivre autre chose à un moment donné. Ça confirmait aussi l'idée que chaque personne a une famille d'âmes qui l'accompagne au cours de son incarnation, un genre de rencontres inévitables qui se représentent continuellement. Même si ces connexions entre deux âmes ne durent pas toute une vie, on sait que le rendez-vous sera tenu et durera le temps nécessaire à notre évolution. Cette révélation m'expliquait pourquoi on vit des coups de foudre avec des gens, autant en amour qu'en amitié.

Peux-tu me donner un exemple?

J'ai une amie française pour qui j'ai eu un coup de foudre d'amitié. Ç'a cliqué très, très vite entre nous et on est devenues proches presque instantanément. À travers un *channel*, j'ai posé des questions sur cette relation et j'ai appris que j'avais été sa mère dans une vie antérieure. Pourquoi est-ce que certaines personnes ne sont que de passage dans nos vies alors que d'autres restent? Ma certitude, c'est que les relations liées à notre famille d'âmes reviennent de vie en vie.

Crois-tu à tout ce que vous publiez, même si parfois c'est très flyé?

Si on le publie, c'est parce qu'on croit que c'est vrai. C'est une question de feeling, comme un radar intérieur qui nous guide, mon frère et moi, chacun à notre façon, vers un livre en particulier. Certains ouvrages sont porteurs d'une telle énergie qu'on en ressent une transformation immédiate. On reçoit beaucoup de manuscrits, mais seulement 10 à 15 titres sortent en librairie chaque année. Bien sûr, je ne peux pas vérifier intellectuellement que tout est vrai. Je fonctionne exclusivement par instinct. ■

www.ariane.qc.ca

Louis Gosselin
«J'AI VÉCU UNE SORTIE DE CORPS»

Après avoir vécu une expérience hors du commun, le journaliste d'expérience a voulu comprendre ce qui lui était arrivé. Il s'est alors intéressé à l'hindouisme et au bouddhisme. Il a même écrit un livre intitulé *Mieux vivre son karma*.

Selon un sondage Léger Marketing datant de quelques années, un peu plus du tiers des Québécois croit à la réincarnation. Louis Gosselin, très sérieux journaliste et nouveau directeur adjoint des nouvelles à la station de radio Info 690, a voulu en savoir plus sur les origines de cette croyance.

Louis, quand as-tu commencé à t'intéresser aux questions spirituelles?

Ça m'intrigue et me fascine depuis que je suis tout petit. Comme tout le monde, je me pose la question: «Qu'est-ce qu'il y a après?» Dans ma jeunesse, j'ai aussi vécu des expériences qui m'ont initié aux autres dimensions de l'être humain. Quand j'étais adolescent par exemple, j'adorais aller à des spectacles d'hypnose. Il y avait un gars dans mon coin qui donnait ce genre de numéro dans les bars, tout en le faisant avec classe! Je lui ai servi de cobaye plusieurs fois car après la première tentative, il m'avait dit que j'étais un excellent sujet. Au fil des ans, j'ai dû me faire hypnotiser une cinquantaine de fois, et ça marche à tout coup.

Qu'est-ce que ces séances d'hypnose t'ont apporté?

Les moments les plus marquants se sont produits quand j'ai rencontré une personne qui me proposait de faire des expériences sous hypnose. C'est à ce moment que j'ai vécu une sortie de corps. Je te le jure,

j'étais complètement endormi et je me sentais comme une paire d'yeux, dans un coin du plafond, qui voyait tout ce qui se passait dans la pièce. Le gars me montrait des cartes et, les yeux fermés, je disais: «2 de trèfle, 7 de carreau, 10 de pique.» Je les voyais vraiment! Et il y avait des témoins autour de moi. Mais quand tu dis ça au monde après, on te prend pour

dez, il me semble que ça ne se peut pas, cette affaire-là.»

Comment as-tu fait tes recherches pour écrire ce livre?
Beaucoup par Internet. J'étais aussi en contact avec des bouddhistes, à qui je posais des questions sur la théorie. De plus, j'ai eu des échanges avec des scientifiques pour savoir où en sont les recherches sur le cerveau et

«J'ai dû me faire hypnotiser une cinquantaine de fois»

un fou. Tant pis; moi, je sais que je l'ai vécu!

En 2000, on t'a proposé d'écrire sur la réincarnation et le karma. Pourquoi avoir accepté?
En fait, je voulais écrire un livre, et le sujet que la maison d'édition me proposait m'intéressait. On peut lire des textes hindouistes et bouddhistes mais, chez nous, tout ce qu'on sait du karma se résume à dire de quelqu'un qu'il a «tout un karma». Par exemple, quand une femme est prise avec un mari alcoolique, on va dire: «Ah, mon Dieu! Quel karma!» Évidemment, ce n'est pas aussi simple que ça, et j'avais envie de comprendre la véritable signification de ce mot, avec toute mon objectivité journalistique. Je pouvais ainsi dire à des gens que j'interviewais pour mon livre: «Atten-

sur l'existence de l'âme et de la conscience.

Et alors, d'après toi, qu'est-ce que l'âme?
C'est notre véhicule temporel, notre essence, l'énergie qui continue après notre mort et qui apprend. Quand on dit «une vieille âme», on parle de quelqu'un qui a vécu avant, qui va vivre après, et qui est rendu assez loin dans son évolution. J'aime bien la philosophie du karma, selon laquelle on est ici pour apprendre, pour évoluer, pour devenir meilleur. J'aime à penser qu'on est sur Terre pour vivre des expériences, et que si on réussit à «brûler son karma», notre âme accède à une plus grande pureté. Je ne dis même pas que c'est vrai et je ne veux convaincre personne que ça l'est, mais moi j'ai envie d'y croire.

Comment expliquer que tant de gens souffrent sur la Terre? Ont-ils tous une dette karmique à payer?

Pourquoi quelqu'un naît-il handicapé? Est-ce pour vivre une épreuve de courage qu'il n'a jamais eue? Je ne le sais pas, mais selon le principe du karma, chacun choisit pour lui-même. L'âme décide si elle est prête à vivre cette expé-

vérité, c'est qu'il n'y en a pas! Deuxièmement, ça m'a fait réaliser que le fanatisme me repousse plus que jamais. J'ai également appris à garder l'esprit ouvert: ce que tu penses est tout aussi bon que ce que je pense. En fin de semaine, une de mes amies est allée voir une voyante. Elle avait apporté une photo de moi. En la regardant, cette femme s'est exclamée:

«Ton karma, c'est ta vie, ton âme, ton évolution...»

rience terrestre, même si elle sait que ce sera difficile. Et, en bout de ligne, elle évolue en accumulant les expériences. Ce que j'aime de cette théorie, c'est qu'elle est à l'opposé des grandes religions de ce monde qui t'imposent un *package* que tu dois adopter en bloc. Ce qui me plaît le plus dans le karma et le bouddhisme, c'est que ç'a de l'allure. Par ailleurs, pourquoi faudrait-il se mettre en gang pour pratiquer une religion? Je vis ma spiritualité de façon individuelle. C'est une autre raison pourquoi cette philosophie me rejoint; on ne se réincarne pas en gang! Ton karma, c'est ta vie, ton âme, ton évolution, ton affaire personnelle.

Avec le recul, qu'est-ce que cette recherche et l'écriture de ce bouquin t'ont appris?

Premièrement, qu'il n'existe pas de vérité absolue. La seule

«Ah, mon Dieu! Ce gars-là est tanné d'attendre! Il y a une histoire de job, il ne sait pas si ça va continuer ou s'arrêter...» *(NDLR: Les employés des nouvelles à CKAC attendaient toujours à ce moment de connaître le sort que leur réservaient les nouveaux propriétaires.)* Cette femme ne me connaît pas, elle ne m'a jamais vu. Un jour, j'aurai la grande illumination, moi aussi... À ma mort! ∎

www.info690.com

Chantal Brunet
(qui nous a quittés le 9 décembre 2005)

REGARDER LA MORT EN FACE

Chantal Brunet savait qu'elle allait mourir. Son cancer du sein, qui s'était étendu aux poumons et au foie, était incurable. Une de ses dernières batailles: briser le tabou qui entoure la mort. Rencontre (posthume) avec une femme qui a continué de rêver et de sourire... jusqu'à la fin.

Porte-parole très médiatisée de la collecte de fonds 2004 pour la recherche sur le cancer du sein, Chantal Brunet n'a pas fait La course à vie (c'est le nom de la campagne) en 2005. Mais avec le vibrant témoignage qu'elle nous a laissé en héritage dans le livre *La vie vaut mille maux*... (Éditions de Mortagne), Chantal Brunet a participé d'une autre façon au combat contre cette terrible maladie en racontant comment elle compose avec le cancer depuis 10 ans. Son rêve était de le combattre le plus longtemps possible pour accompagner son fils jusqu'à l'âge adulte. Francis n'a que 12 ans, et elle savait au moment de faire cette entrevue qu'elle ne gagnerait pas son pari. Mais elle en a gagné bien

d'autres, dont celui d'écrire son récit, «parce que peu de femmes atteintes d'un cancer du sein incurable ont la force, la volonté ou la santé qu'il faut pour partager ce qu'elles vivent et ce qu'elles découvrent de la vie».

**Chantal, croyez-vous
à une vie après la mort?**
Étant donné que je suis un peu rebelle, je refuse de croire qu'il y a une fin. Je crois qu'il n'y a que des recommencements, des continuités. Je dis souvent qu'il ne faut pas mourir avant de mourir. Il faut continuer de rêver et de sourire. Pour ce qui est de la forme que peut prendre la vie après la mort, elle ressemble un peu, à mes yeux, à ce que racontent les gens qui

La vie après la mort

ont vécu des expériences de mort imminente et qui se voient flotter au-dessus de leur corps et partir vers la lumière.

Vous parlez de rêves. Quels sont les vôtres aujourd'hui?

C'est un peu niaiseux, mais souvent, ça ne prend pas grand-chose pour rêver... J'aimerais tant que mes cheveux repoussent... Je veux me voir avec des cheveux! *(Rires)* C'est le genre

Durant ce processus, j'ai tout observé: les derniers soins, les adieux. Je ne respirais plus, mon cœur avait cessé de battre... Puis, j'ai organisé ce que j'appelle «mon projet de fin de vie». D'ailleurs, mon mari s'est un peu moqué de moi en me disant: «Même après ta mort, tu tentes de nous organiser!» Mais pour répondre à la question, non, je n'ai pas peur, puisque je

«Je refuse de croire qu'il y a une fin»

de petite chose qui me fait rêver maintenant. Surtout que je viens d'en réaliser un très grand, celui de publier mon livre. Ce n'est pas rien, quand même, si l'on considère que je l'ai écrit entre deux traitements de chimiothérapie, avec tous les hauts et les bas qu'entraîne une maladie comme le cancer.

Avez-vous peur de la mort?

À vrai dire, ces temps-ci, je n'y pense pas trop. Au début de l'été, par contre, alors que j'étais très malade et que je croyais la fin proche, j'y pensais beaucoup. Il y a d'ailleurs eu une étape où j'ai dû visualiser ma mort. Il me fallait «mourir avant de mourir», au moins une fois! Regarder la mort dans les yeux et me forcer à faire le deuil de mes proches, comme si j'étais déjà morte.

sais que je ne souffrirai pas. J'ai seulement peur du vide que je laisse pour mon fils, mon conjoint et ma famille. Même si je les embrasse dans leurs rêves et que je les accompagne, sentiront-ils ma présence?

Comment vous êtes-vous sentie après cet ultime exercice?

Faire face à la mort m'a fait vivre des émotions fortes, c'est bien évident. J'en suis cependant ressortie grandie, avec des yeux et un cœur nouveaux. Enfin, je peux vraiment saisir tout le sens du moment présent, du bonheur, de l'amour et de la bonté. Vivre ma mort a été pour moi une occasion d'accéder à la paix intérieure. Même si ça me bouleverse, la mort ne me rend plus mal à l'aise.

Est-ce un peu pour cette raison que vous avez voulu écrire ce livre?

Oui. En plus de laisser un héritage aux gens qui vivent avec le cancer – en tant que malades ou aidants – j'avais envie de briser un peu le tabou entourant la mort. C'est tellement culturel… Je me souviens d'un jour où mon fils est revenu de funérailles qui avaient eu lieu au sein d'un

sont déjà dans l'au-delà. Vous me demandez comment je vis ma spiritualité? J'ai compris que l'essentiel, c'est de laisser entrer en soi l'amour que procure le moment présent, dans la nature ou ailleurs, pour ne former qu'un avec lui. Souvent, une simple inspiration provoque en moi une sensation de plénitude absolue. À ce moment-là, je prends conscience de tout

«Vivre ma mort a été une occasion d'accéder à la paix intérieure»

groupe d'Italiens. Juste à côté, au salon funéraire, une famille haïtienne «célébrait» la mort de l'un des siens. Tout le monde portait des couleurs flamboyantes. La famille italienne, elle, vivait ce deuil tout en noir, dans une grande tristesse. Mon fils a vraiment été impressionné par la différence de rituel. Je crois qu'on peut apprendre des autres cultures.

Comment vivez-vous votre spiritualité?

Selon moi, la différence entre la religion et la spiritualité, c'est la liberté. La religion nous dit quoi faire, quoi croire. Mais même si j'ai mis de côté plusieurs croyances insensées de la religion catholique, je veux avoir la foi, j'en ai besoin. J'ai besoin de croire que je vais rejoindre mes amis et ma famille qui

ce qui m'entoure. C'est ça, ma spiritualité.

Chantal, avez-vous réfléchi à la manière dont vous voulez mourir?

Oui, je veux mourir chez moi ou dans une maison spécialisée en soins palliatifs, entourée de ceux que j'aime. ■

«Tout est blanc. Tout est pareil. Le blanc de la pureté, le blanc de l'innocence. Le blanc infini, comme dans mes rêves. Le blanc du paradis ou, du moins, l'image que je m'en suis faite. Il fait blanc dehors! Surtout quand on est mort!»

Extrait de *La vie vaut mille maux…*

3. EMI
Expériences de Mort Imminente

Nanette Workman

Découvrir Dieu grâce à une balle perdue

En 1975, après avoir reçu une balle de fusil en plein ventre, Nanette a vu son corps «d'en haut», étendu sur le plancher de sa salle de bains. Mais ce n'était pas le moment de partir. Il lui fallait d'abord trouver sa vérité…

Ce n'est pas sans raison que Nanette Workman a cette joie de vivre et cette force intérieure qu'on lui connaît. Si elle n'avait pas vu la mort en face, chez elle, un jour de répétition, Nanette ne serait pas la femme qu'elle est devenue. Prise dans la spirale du *sex, drugs and rock-'n'roll,* la chanteuse avait besoin de cette leçon de vie pour atteindre un équilibre et, enfin, trouver sa vérité, celle qu'aucune religion ne lui avait encore apportée. Au cours des 30 dernières années, elle a lu des dizaines de livres sur la vie après la mort, les expériences de mort clinique, la spiritualité, le bouddhisme, etc. Et un jour, elle est tombée sur un enseignement hors des dogmes, qui lui a redonné son pouvoir personnel et lui a permis de contacter à nouveau son essence divine.

Nanette, racontez-nous dans quelles circonstances vous avez vu la mort de près.

Un de mes musiciens jouait avec une arme à feu dans ma maison, simplement pour s'amuser. Puisque je n'aime pas me trouver en présence de gens qui ne savent pas ce qu'ils font quand ils manipulent des armes, je suis sortie de la pièce pour aller plier des vêtements dans la salle de bains. Tout à coup, j'ai ressenti une douleur insoutenable, comme si j'avais reçu un coup de masse en plein ventre. Je venais de recevoir une balle entre les côtes. Sur le coup, j'ai été projetée sur le sol, et la première chose que j'ai

remarquée, c'est que mes yeux, eux, se trouvaient en haut, accrochés au plafond de la pièce. Hors de mon corps comme ça, je n'avais ni mal, ni peur, mais je pouvais très bien penser... Quand on est rendu là, il ne nous reste que la pensée, notre conscience en fait.

Est-ce que vous pensiez être morte?

Non, mais j'étais très curieu-se de savoir où je m'en irais après. Je voyais mon corps respirer, signe qu'il était toujours vivant, mais je n'étais plus dedans! Puis, j'ai pensé à mes parents. Je me suis dit: «Si je vais plus loin maintenant, ils vont être dévastés. Non, ce n'est pas le moment de partir.» Et à l'instant même où je me passais cette réflexion, j'ai été aspirée vers le bas! Là, ça m'a fait horriblement mal! J'ai vraiment eu l'impression qu'un gros ruban adhésif m'avait attrapée et ramenée brutalement dans mon corps. C'était très étrange, je devais vraiment être en état de choc, car j'ai trouvé la force de retirer mes lentilles cornéennes, au cas où je perdrais connaissance. J'étais assez consciente pour me dire que les

médecins ne penseraient pas à enlever mes verres de contact si je devais tomber dans le coma!

Quand vous avez repris conscience, avez-vous eu peur de mourir?

Oui, la douleur était tellement intense que j'avais carrément l'impression que tout mon corps brûlait. Je me souviens très bien avoir confié à ce moment-là à l'ambu-lancier, en pleurant, que je ne voulais pas mourir. Plus tard, après avoir décanté les événements, j'ai réalisé que le corps n'est au fond qu'un véhicule, comme une voiture qu'on emprunte pour se rendre à quelque part. Et quand nous avons terminé notre voyage, nous sortons du véhi-cule pour ensuite continuer notre chemin autrement.

Pendant que vous étiez hors de votre corps, avez-vous vu le tunnel ou la lumière?

Non, sans doute parce que j'étais encore reliée à mon corps. Il était toujours en fonction, un peu comme le moteur d'une auto qu'on laisse tourner quand on en sort quelques instants pour faire des courses.

«Je venais de recevoir une balle entre les côtes»

Qu'est-ce que cet événement a changé dans votre vie, Nanette?

Ç'a été un déclencheur pour moi. À cette époque, j'étais jeune et je me cherchais une identité. Au fond, je ne savais rien de la vie. J'avais été élevée dans la religion juive de ma mère, mais je ne la pratiquais pas. Même si j'ai toujours cru en Dieu, je trouvais que beaucoup trop de questions restaient sans ré-

plutôt débridée de chanteuse rock que je menais. Ça m'imposait un équilibre entre les partys et la vie spirituelle. Au fil du temps, j'ai réalisé cependant qu'on ne nous parlait toujours que de compassion, ce qui est très bien en soi, mais sans jamais effleurer le sujet de l'amour. Pour moi, l'amour est primordial dans ma vie. Et quand un des leaders que je fréquentais m'a dit que je n'arriverais jamais à

«Le corps n'est au fond qu'un véhicule, comme une voiture qu'on emprunte»

ponse. Cet accident m'a prouvé qu'il y a beaucoup plus avant, pendant et après la vie que ce qu'on a bien voulu nous enseigner. C'est à ce moment-là que je me suis mise à lire et à chercher des réponses. J'ai même pratiqué le bouddhisme pendant une dizaine d'années avec beaucoup de ferveur et de discipline. Puisque les bouddhistes croient à la réincarnation, leur philosophie me plaisait et répondait à certaines questions, dont celles sur mon impression d'avoir vécu d'autres vies, d'autres morts aussi et d'être déjà sortie de mon corps auparavant.

Pourquoi avez-vous quitté aussi le bouddhisme?

Le bouddhisme m'a en quelque sorte sauvée de la vie

l'illumination en dehors du bouddhisme, j'ai décroché. Ce n'est sans doute pas le discours de tous les bouddhistes, mais je ne voulais pas me faire dire par qui que ce soit qu'il n'y a qu'une seule façon de connaître l'illumination. Toutes les religions prétendent posséder l'unique voie vers Dieu... Ce n'est pas pour moi.

Comment avez-vous trouvé votre équilibre par la suite?

Grâce à une amie, j'ai découvert les enseignements d'une entité appelée Ramtha, qui est canalisée par «une» *channel* américaine, JZ Knight. Pour la première fois, ce que j'entendais me parlait tellement que j'ai commencé à découvrir ma propre vérité. Par la suite, j'ai lu tous les livres de cette femme pour en venir à comprendre que je suis une partie de Dieu, que Dieu est en moi et à l'intérieur de tout ce qui vit. Je ne veux pas que les gens croient que je suis présomptueuse, mais je suis Dieu, tu es Dieu, tout le monde est Dieu, et nous sommes tous un avec Lui. Dieu n'est pas l'être inatteignable qu'on a tant voulu nous montrer. J'ai une relation personnelle avec ce Dieu qui est en moi, je l'aime profondément. Et je lui parle au féminin!

Allez-vous passer le reste de votre vie à chercher comment utiliser le pouvoir de Dieu?

Oh, non! Je vais passer le reste de ma vie à vivre, en pleine conscience de mes choix, qu'ils soient heureux ou non! C'est pour ça que je suis ici. Pour vivre l'expérience humaine que j'ai choisie. J'aime bien voir les embûches de la vie comme des événements que j'ai acceptés dans mon expérience, mais qui n'ont pas tourné à mon avantage. La fatalité n'existe

«Je veux seulement vivre intensément le moment présent»

Comment vit-on avec ce genre de conviction?

Comme j'ai le sentiment puissant que le pouvoir de Dieu est en moi, il ne me reste qu'à savoir comment l'utiliser, *right*? Bien sûr, il faut du temps pour assimiler ces notions, mais je suis convaincue aujourd'hui qu'on crée notre réalité par la pensée et que chaque âme choisit, avant la naissance, la vie qu'elle va mener. Par conséquent, je suis certaine que l'âme, le moi supérieur de chaque être humain, choisit son expérience de vie, choisit d'être victime ou vainqueur, selon ce qu'elle veut vivre à différentes étapes de son évolution.

pas pour moi. Je ne cherche plus dans mon passé pour savoir qui j'ai été. *It's gone.* Je ne regarde pas non plus vers le futur pour savoir ce qui va arriver... *It's not here yet.* Je veux seulement vivre intensément le moment présent. Il n'y a ni passé, ni futur. Que le présent. ■

Danielle Fichaud

QUITTER SON CORPS DEUX FOIS

Alors qu'elle mangeait tranquillement dans un restaurant, une crise d'allergie sévère a failli tuer Danielle Fichaud. Un an et demi plus tard, l'expérience se reproduisait. Ces événements ont radicalement changé sa conception de la vie.

En plus d'être comédienne (*Fortier, Bunker, Tag,* etc.), Danielle Fichaud est la *coach* d'acteurs la plus courue en ville (Les ateliers Danielle Fichaud). Son métier, elle le fait avec passion, d'autant plus qu'elle a bien failli cesser de le pratiquer de façon prématurée il y a quelques années. Suspendue entre la vie et la mort à la suite d'une crise d'allergie alimentaire, Danielle a pris la décision de revenir... pour le plus grand bonheur de ses 190 élèves et de milliers de téléspectateurs.

Danielle, raconte-nous comment tu as vécu ta première mort imminente.
J'ai une allergie mortelle au glutamate monosodique. Un soir, il y a plus de 10 ans maintenant, je suis allée manger au resto avec des amis et, dès le début du repas, je me suis sentie très mal. J'étais certaine qu'il n'y avait pas d'additif tel le glutamate dans la nourriture, mais je me trompais. Quelques minutes plus tard, mes amis m'ont retrouvée sans connaissance dans les toilettes. Les gens qui me connaissent bien savent que je traîne toujours ma seringue d'EpiPen sur moi. Mais, dans l'énervement, la fille qui a tenté de m'administrer le médicament a pris la seringue à l'envers et elle s'est elle-même injecté l'adrénaline... dans le pouce! La panique s'est installée. Pendant qu'un de mes amis appelait le 9-1-1, l'autre tentait de me donner la respiration artificielle, mais quand on est en choc

anaphylactique, toutes les muqueuses enflent en quelques secondes et l'air entre difficilement.

À quel moment t'es-tu sentie sortir de ton corps?

Quand les ambulanciers m'ont embarquée sur la civière, pouf! Je me suis sentie projetée hors de mon corps. J'avais une vue aérienne de moi, comme si j'étais accrochée au plafond. Le plus bizarre, c'est que la personne qui était sur la civière, ce

lui répondait: «Ben non, c'est pas ta faute, elle va s'en sortir.» J'entendais aussi l'ambulancier crier: «On va la perdre, on va la perdre, accélère!» Pour te donner une image, c'était comme si l'ambulance et la voiture n'avaient pas eu de toit et que je pouvais non seulement les voir, mais aussi sentir leur grande culpabilité. Je les regardais d'en haut, en *zoom in* ou en *zoom out*. Je pouvais aussi me promener d'un visage à l'autre

«Quand tu reviens dans ton corps, ça fait vraiment mal»

n'était plus vraiment moi. Tu ne penses plus au «moi» quand tu te retrouves en dehors de ton corps, entre la vie et la mort. Je n'avais aucune compassion, aucune tristesse de me voir allongée sur cette civière. En fait, je ressentais un bien-être si indescriptible que je ne pouvais avoir de sentiment ni pour moi ni pour les autres autour qui, eux, s'affolaient carrément. Je suis enfin revenue à moi 10 ou 12 minutes plus tard, en arrivant à l'hôpital. Pendant tout ce temps, je pouvais entendre clairement ce qui se disait dans l'ambulance et même dans la voiture de mes amis qui nous suivaient.

Qu'est-ce que tu entendais?

J'entendais une amie dire, par exemple: «C'est moi, c'est ma faute, je l'ai tuée.» Et l'autre qui

en une fraction de seconde. Quand je suis revenue à moi, je leur ai tout raconté et ils ont pu valider sur le champ ce que je disais.

Comment t'es-tu sentie quand tu as repris connaissance?

Ça faisait mal. Ça fait vraiment mal quand tu reviens dans ton corps. Exactement comme si tu tombais du plafond sur le plancher. C'est un mal physique. Quand j'ai ouvert les yeux, j'ai vu l'ambulancier pleurer. Il était sûr de m'avoir perdue. Pendant les deux semaines qui ont suivi, j'ai été profondément triste. Triste d'être revenue. Le bien-être incroyable que j'avais connu me manquait, je m'en voulais de ne pas être restée là. C'est long avant de réapprendre à trouver la vie belle.

Comment s'est produite ta deuxième sortie de corps?

L'autre épisode est survenu un an et demi plus tard. J'ai eu une crise encore en mangeant dans un restaurant. Cette fois, ça aurait pu être beaucoup plus grave. Je n'avais pas mon Epi-Pen sur moi, et quand je me suis évanouie, la porte de la salle de bains était verrouillée. J'étais prise au piège, en quelque sorte. Il a fallu qu'une fille coure demander dans plusieurs restaurants avoisinants si quelqu'un avait une seringue d'adrénaline et qu'elle revienne me l'administrer. Cette fois, mon souvenir est moins précis, mais je suis encore sortie de mon corps.

Connais-tu d'autres personnes qui ont vécu la même chose que toi?

C'est drôle, parce que cette semaine, une élève de mes ateliers m'a raconté avoir vécu une expérience de mort imminente elle aussi, et on en parlait de façon complètement détachée, comme si on disait: «C'est le fun danser le rock'n'roll, surtout quand ça tourne!» Bref, il n'y avait aucun tabou, aucun malaise par rapport à ça.

Qu'est-ce que cette expérience a changé dans ta vie?

D'abord, c'est la plus belle chose qui pouvait m'arriver. Il fallait que ça m'arrive. Je ne vivais pas bien avant, je n'étais pas quelqu'un de bien. J'avais peur de la mort et je vivais beaucoup dans la performance, pour laisser ma marque, de façon très égocentrique. Aujourd'hui, je n'ai plus peur de la mort et quand tu n'as plus peur, chaque moment, tu le vis plus intensément. Quand la pire conséquence – la mort – n'existe plus, ça change la perception des choses. En étant consciente que je peux partir à tout moment, je règle les choses qui ne vont pas à mon goût.

As-tu découvert ta vocation de *coach* à travers cette expérience?

Disons qu'on est tous ici pour accomplir quelque chose. Moi, je vis cette vie-ci pour être un maître, pour enseigner. Un jour, j'ai consulté une femme en qui j'ai confiance, qui m'a fait comprendre que je ne serais pas heureuse tant que je n'accepterais pas mes qualités de maître. J'avais peur de mon pouvoir de *coach*, peur de créer des blocages chez mes élèves. J'ai beaucoup d'intuition, tu sais, je peux voir à travers les jeunes.

Es-tu une femme heureuse, Danielle?

Oui. Et je n'ai plus besoin d'attendre des autres qu'ils m'apportent le bonheur. En plus, j'ai arrêté de tout remettre au lendemain. Je crois qu'on doit régler nos affaires, sinon on devra revenir pour le faire dans une autre vie. Donc, aussi bien que ce soit maintenant! ∎

Lise Thouin
« Mon 20e anniversaire de renaissance »

Le 24 juillet 2005, Lise Thouin a fêté son 20e anniversaire de «renaissance». Après avoir vu la mort en plein visage, elle est revenue pour «réapprendre à aimer».

À 23 h 30, le 24 juillet 1985, la comédienne Lise Thouin ne vivait plus, en tout cas pas selon les normes de la science actuelle. Mais après quelques instants, elle est revenue à la vie. Terrassée par un virus foudroyant, elle a «basculé de l'autre côté des choses, dans cette lumière-amour», comme elle l'explique dans son magnifique livre pour enfants *Boule de rêve*. Cette histoire du petit dauphin, inspirée par une enfant atteinte de cancer qui s'apprêtait à partir pour son grand voyage, a fait le tour du monde. Lise Thouin pourrait se contenter de cet exploit ou de ses nombreuses années d'accompagnement auprès des enfants mourants. Mais on n'arrête pas un cœur, qui de surcroît a recommencé à battre, d'aimer et de rêver…

Lise, racontez-nous l'expérience que vous avez vécue.

C'était après un voyage en Europe avec mes enfants et mon conjoint de l'époque, Jean-Claude Lord. Quatre jours après notre retour, j'ai commencé à avoir de la fièvre. On m'a donc entrée d'urgence à l'hôpital, où l'on a découvert que j'avais un virus très grave qui avait atteint tous mes organes vitaux. Je souffrais à la fois d'une hépatite, d'une méningite, d'une encéphalite, d'une péricardite… J'ai finalement séjourné deux mois et demi à l'hôpital, et j'ai dû réapprendre à marcher, à parler, à vivre, quoi!

La vie après la mort

Savez-vous combien de temps a duré votre mort clinique?

Je crois que personne ne l'a jamais su. Ç'a pu durer de quelques secondes à quelques minutes. Mais quand on se retrouve dans cet espace-là, le temps n'a pas la même signification. Quand on me demande ce que j'ai vécu durant cette période, je réponds très peu et très mal. Je n'ai pas de référence pour expliquer ce qui s'est passé de l'autre côté; ça ne

J'ai été surprise parce que je pensais que j'étais une femme aimante. J'avais un mari, des enfants, des amis, un public qui m'aimait, et moi, j'aimais tous ces gens. J'étais vraiment dans une dynamique d'amour. Pourtant, c'était clair que ce sursis m'avait été accordé pour aller «faire des gammes d'amour». Et c'est ce que j'ai fait pendant toutes ces années où j'ai accompagné des enfants gra-

«Je me suis aperçue en mourant qu'on arrive intact de l'autre côté»

se compare pas avec la vie terrestre. C'est un autre espace où on a une autre compréhension des choses. Il m'a fallu 400 pages, dans le livre *De l'autre côté des choses*, pour essayer d'en extraire l'essence, pour exprimer par des mots comment cette expérience m'a transformée. Mais ce n'est pas comme si j'étais allée en voyage. Quand on revient de vacances, on raconte ce qu'on a vu, ce que qu'on a fait. En réalité, je suis toujours demeurée réticente à dire ce que j'ai vécu pendant cette mort imminente parce que je crois que ça ne se raconte pas.

Qu'avez-vous appris de cette expérience?

J'ai compris assez rapidement que j'étais revenue pour apprendre à aimer. Seulement ça.

vement malades vers leur départ, tout en soutenant leurs parents dans cette épreuve. J'ai été une des premières à démystifier la mort et à démontrer que le fait d'en parler avec les gens n'augmente pas les risques que leurs autres enfants soient malades. Ça les aide plutôt à apprivoiser cette réalité qui, malheureusement, existe.

Quel bilan faites-vous de toutes ces années?

Elles m'ont appris à aimer vraiment ces enfants pour ce qu'ils sont, à les respecter dans ce qu'ils ont à vivre jusqu'à la fin, sans attachement. Je faisais du mieux que je pouvais pour rendre leur journée plus ensoleillée, mais après, ça ne m'appartenait plus, ce n'était pas mon rôle de me mettre en colère contre la vie, de voir leur situation comme une injustice. C'est ça que j'appelle «faire des gammes d'amour». On s'exerce du même coup à aimer autrement les gens autour de nous. On aime alors vraiment, pas en s'accrochant à la personne, mais plutôt en lui laissant sa vie à elle.

Vous avez été ensuite en couple avec l'écrivain Daniel

c'était mon auteur préféré. Par la suite, on s'est retrouvés souvent dans les mêmes événements et, quelques années plus tard, on est tombés amoureux. Il est évident pour moi qu'on devait faire un bout ensemble.

Quel est votre plus grand rêve?

Que la Fondation Boule de rêve mette sur pied des maisons d'accompagnement pour les mourants – que je préfère ap-

«Je suis revenue à la vie pour apprendre à aimer»

Meurois, reconnu pour ses nombreux ouvrages sur la spiritualité. Voyez-vous un lien entre cette relation amoureuse et votre EMI?

C'est sûr qu'il y a un lien avec cette mort clinique. Je me posais une foule de questions après avoir vécu cette expérience. Très rapidement, quelqu'un m'a offert un des livres de Daniel, *De mémoire d'Essénien*. J'ai trouvé dans cet ouvrage quelque chose qui répondait à mes questions. Puis, j'ai continué à lire ses livres, c'était ma nourriture, ma substance pour m'aider à comprendre. Un jour, en 1993, alors que je venais de publier le livre *Boule de rêve*, on m'a téléphoné pour m'inviter à donner une conférence juste avant l'écrivain... Daniel Meurois-Givaudan! Je n'y croyais pas,

peler des maisons d'envol. Il faut voir comment, encore aujourd'hui, plusieurs personnes meurent comme des chiens, sans tendresse, sans qu'on leur tienne la main. Comme artiste, je vois l'importance de la beauté et surtout je me suis aperçue en mourant qu'on arrive intact de l'autre côté. Si on était en colère, on arrive dans l'au-delà en colère. Il n'y a pas vraiment de coupure, tout est très proche. D'où l'importance de l'accompagnement. Pour partir serein. ■

www.bouledereve.org

QUAND L'ÂME FUSIONNE AVEC LA LUMIÈRE

Après avoir vécu deux morts cliniques en 20 ans, Carmen Grenier a tout abandonné pour mieux comprendre le sens de la vie, le sens de sa vie. Carnet de voyage... dans l'autre dimension.

Le parcours de Carmen Grenier est pour le moins singulier. À seulement 17 ans, elle fait un premier arrêt cardiaque à la suite de complications survenues pendant une opération. Les médecins déclarent alors leur patiente cliniquement morte. Miraculeusement, Carmen Grenier déjoue la science et continue sa vie comme si rien ne s'était produit. Vingt ans plus tard, la mort l'attend encore au détour. Cette fois, par contre, plus question de retourner gentiment à ses occupations de psychanalyste rattachée à l'hôpital Louis-H. Lafontaine. Pendant deux ans, Carmen Grenier va se retirer dans le bois pour méditer et essayer de comprendre la portion d'éternité qu'elle vient de vivre en seulement une minute et demi de mort imminente. Depuis, elle a écrit trois livres (dont *Le destin de l'âme*, aux Éditions de Mortagne), elle parcourt l'Europe six mois par année pour donner des conférences et elle continue chaque jour d'intégrer toute cette information qu'elle a eu le «privilège» de recevoir pour mieux l'enseigner.

Madame Grenier, quand s'est produite votre première expérience de mort imminente?
C'était en 1967. Comme la plupart des gens qui vivent cette expérience, je me suis vue sortir de mon corps et observer les médecins en dessous de moi qui tentaient de me réanimer.

Puis, en planant au-dessus des gens, je suis passée dans l'autre pièce où je pouvais voir ma mère prier et pleurer. Je ne comprenais pas pourquoi elle était si triste; moi, j'étais si bien. De là, j'ai aperçu le tunnel. En entrant, j'ai vu des âmes qui erraient sur cette route, mais elles ne pouvaient pas me voir, puisque je n'avais pas encore accepté de les rejoindre. En regardant plus haut, j'ai vu une lumière blanche très attirante.

Exactement. J'ai terminé mes études et j'ai travaillé pendant 16 ans en psychiatrie. Mais j'en faisais trop. Alors, à l'âge de 37 ans, j'ai fait un infarctus: ma deuxième mort clinique.

Et qu'avez-vous vu cette fois?
Puisque j'avais déjà visité le tunnel, je n'avais pas besoin de m'y attarder. Je me suis dirigée tout de suite vers la lumière pour me retrouver de l'autre côté du tunnel, dans une

«Les médecins m'ont dit qu'il ne fallait en parler à personne!»

Mais une voix m'a mise en garde: «Tu dois choisir: continuer ton chemin ou retourner en bas. Si tu restes, tu erreras longtemps, car tu n'as pas encore compris les leçons et le sens de ta vie, ni accompli ce que tu devais faire.» En une fraction de seconde, mon choix était fait: je suis retournée dans mon corps!

Et qu'est-ce que les médecins vous ont dit?
Quand je leur ai raconté ce que je venais de vivre, en leur donnant tous les détails de leurs interventions (car j'avais retenu tout ce que j'avais vu «d'en haut»), ils m'ont répondu que tout ça était possible, mais qu'il ne fallait en parler à personne!

Et vous avez continué votre vie sans rien y changer?

sphère que j'ai nommée par la suite «pseudo-matière», un endroit hors du temps et de l'espace. Il est difficile de décrire avec des mots ce que j'ai vécu réellement puisque, dans ce lieu, il n'y a que l'Amour. En une fraction de seconde, j'ai reçu une tonne d'informations que je mettrai tout le reste de ma vie, et même plus, à comprendre!

Essayez tout de même de nous expliquer...
Je peux vous dire qu'on m'a fait un cadeau extraordinaire. J'ai eu le privilège d'assister à toutes les étapes qu'on doit franchir en tant qu'âme pour atteindre «la Source» ou Dieu (on peut l'appeler comme on veut). Dans ce processus, l'énergie de l'âme éclate en milliards de petites particules d'âme qui re-

descendent comme une pluie d'étoiles. Le noyau central de l'âme fusionne alors avec «la Source», que je pourrais décrire comme une énergie lumineuse d'Amour à l'état pur, d'une intensité inimaginable. C'est un spectacle assez impressionnant!

D'après ce que vous avez vu, que font ces milliards de particules?

Ce que j'en comprends, c'est élevée de ces êtres. Tout se mesure en termes de vibration, d'intensité de fréquence. On ne voit pas des êtres aux formes humaines, mais bien une énergie de plus en plus élevée à mesure qu'on s'approche de «la Source».

Et pourquoi avez-vous décidé de revenir après avoir vécu tout ça?

Moi, je ne voulais pas revenir, évidemment. Mais la même

«Les extraterrestres, les intraterrestres, les autres dimensions, tout existe»

qu'il s'agit d'âmes prêtes à renaître. Mais il y a plusieurs étapes à franchir avant d'en arriver là. Quand on entre dans la lumière, l'âme doit d'abord se nettoyer, se purifier de ses désirs non assouvis (ça peut être aussi terre à terre que de regretter ne pas avoir joué du piano). À l'étape suivante, on nous explique tout ce qui compose l'Univers, tout ce qui existe dans notre monde et dans les mondes parallèles. Pour moi, les extraterrestres, les intraterrestres, les autres dimensions, tout existe. Ensuite, en haut du tableau, on peut voir les avatars, ces maîtres ascensionnés comme Jésus et Bouddha, par exemple. Au-delà, c'est «la Source».

Comment saviez-vous qu'il s'agissait d'avatars?

L'âme reconnaît la vibration petite voix que j'ai entendue lors de ma première expérience de mort imminente m'a fait comprendre que je n'avais toujours pas réussi ce que je devais accomplir sur Terre et que si j'acceptais de réintégrer mon corps, ma vie en serait complètement transformée. On ne m'a pas menti! ■

Rachel Jalbert

Voir l'Univers dans toute sa splendeur

Il y a plus de 40 ans, à la suite d'un arrêt cardiaque, Rachel Jalbert a vécu une expérience de mort imminente (EMI) qui lui a donné accès à la mémoire universelle. Elle a alors fait le choix de revenir dans son corps pour pouvoir partager cette expérience unique.

Quelques jours après une opération de routine à la vésicule biliaire, Rachel Jalbert a fait un arrêt cardiaque et a senti la mort venir. Quand le médecin est arrivé pour la réanimer, elle flottait déjà au-dessus de son corps et pouvait entendre penser le personnel médical. Le reste est une aventure fascinante qu'elle n'a pu raconter avant de nombreuses années, de peur de passer pour une folle.

Madame Jalbert, que s'est-il passé ce fameux jour de mai 1965?
Le médecin venait à peine de me signer mon congé de l'hôpital quand j'ai ressenti un malaise profond. J'ai appelé l'infirmière pour lui dire que j'étais en train de mourir. Après avoir pris mon pouls, elle est partie en courant. Pendant ce temps, je me sentais comme un ballon qui se dégonfle. Je me vidais de mon énergie. C'est difficile à exprimer, mais disons que c'était comme si une boule s'était formée à mes pieds pour finalement sortir complètement par le dessus de ma tête.

Quelle sensation éprouviez-vous pendant que vous étiez à l'extérieur de votre corps?
Ce qui est drôle, c'est que j'avais l'impression d'avoir encore mes bras, mes jambes… et mon intelligence était la même. Quand le personnel médical est arrivé à la course, je ne voulais même pas être réanimée. J'éprouvais un bien-être si extraordinaire que je refusais

La vie après la mort

de retourner dans la «prison» que représentait mon corps. J'ai même essayé de toucher l'épaule du médecin pour lui dire de ne pas se fatiguer, mais je passais au travers de son corps avec ma main! Je me suis dit: «Si je décide de partir, peut-être qu'ils ne pourront pas me réanimer.»

Où vous trouviez-vous à ce moment précis?

Je flottais, juste un peu plus

de ces lumières était ma grand-mère. En fait, je pouvais toutes les reconnaître et sentir qu'elles me faisaient une grande fête d'accueil.

Qu'est-ce qui vous a empêchée de les rejoindre?

J'étais certaine que si je traversais une certaine ligne, si je me dirigeais vers ces lumières, il y aurait un point de non-retour. Avant de le franchir, j'ai eu envie de voir

«Je passais ma main à travers le corps du médecin»

légère que l'air, entre le plafond de ma chambre et les têtes des gens du personnel médical. Là, j'ai pris conscience que personne ne pourrait prendre soin de mes deux jeunes enfants si je décidais de ne pas revenir sur Terre. Allez savoir qui, mais une voix m'a répondu: «Là où tu t'en vas, tu vas pouvoir en prendre soin encore bien mieux.» Je me sentais bercée par cette présence, j'entendais des harmonies, je n'avais ni trop froid, ni trop chaud. À ce moment, je me suis mise à traverser une zone de flocons, un peu comme des nuages, en me laissant guider, sans aucune peur. De l'autre côté, j'ai vu, sur ma droite, une foule de petites lumières de la hauteur d'une flamme de chandelle. Sans qu'elles aient des formes humaines, je savais que l'une

tout ce qu'il y avait autour de moi. Je me suis ainsi retrouvée face à ce que j'appellerais un «monde de lumière», puisqu'il n'y a pas de mot pour décrire ce que j'ai vu. C'était très brillant, chaud et merveilleusement rempli d'amour. Sur Terre, j'avais été aimée avec un paquet de conditions, mais jamais je n'avais connu un amour sans bornes comme celui que j'expérimentais à ce moment précis. Il n'y avait rien de comparable entre les deux dimensions. Quand je suis arrivée près de ce monde de lumière, une question m'a été posée…

Laquelle?

«As-tu fait ce que tu avais à faire sur Terre?» Tout à coup, c'est devenu très clair dans mon esprit. Il m'apparaissait évident que j'avais déjà connu ce monde de lumière avant. On m'a montré toutes les étapes que j'avais franchies pour choisir mes parents et venir sur Terre. J'ai aussi réalisé que j'avais accepté cette vie-ci pour me souvenir et partager avec les autres cette mémoire de l'autre dimension. Mais je ne l'avais pas fait. À ce niveau de conscience, tu ne peux plus te raconter d'histoires.

Comment avez-vous fait le choix de revenir dans votre corps?

Lorsque le «film» de ma vie a été terminé, on m'a offert deux possibilités: «Veux-tu entrer avec nous dans le monde de lumière pour refaire tes forces et retourner plus tard faire ce que tu as à faire? Ou préfères-tu reprendre ton corps, qui est encore récupérable?»

«C'était très brillant, chaud et merveilleusement rempli d'amour»

Comment auriez-vous pu vous souvenir de ce monde de lumière?

Jeune, je me souvenais de tout ça, mais je l'avais mis en veilleuse. Plus vieille, je ne voulais juste pas m'en souvenir, parce que ç'aurait été trop difficile à vivre à cette époque. À un moment donné, les 24 années de ma vie – tout ce que j'avais dit, pensé ou fait – se sont mises à défiler rapidement devant moi. Il n'y avait pas d'écran, pas d'appareil, mais je me voyais comme l'actrice de mon propre film. Je pouvais regarder une foule de scènes où j'avais manqué d'amour, d'autres où je n'en avais pas assez donné. Il y avait des présences autour de moi qui acquiesçaient en me disant qu'elles m'en donneraient plus la prochaine fois.

Vous n'aviez pas le goût de revenir dans un autre corps?

On a été très clair avec moi: «Pour faire un voyage sur Terre, tu connais le processus. Tu dois choisir un corps, venir au monde et te développer. Tu peux aussi reprendre la forme que tu avais dans ta dernière incarnation.» Je n'avais pas envie de recommencer, alors j'ai demandé si, en choisissant mon corps, je pourrais faire ce que j'avais à faire, c'est-à-dire partager mon expérience. On m'a dit: «Oui, les bonnes personnes seront placées sur ta route. Tu n'auras qu'à accepter quand on te demandera de raconter ton histoire!» ∎

4. Médiums et clairvoyants

Marjolaine Caron
LA MESSAGÈRE DES MORTS

Après avoir perdu, en quelques années, quatre membres de sa famille et son meilleur ami, Marjolaine Caron a «reçu» son don de communiquer avec l'au-delà. Depuis, elle parle pour les morts.

La réputation de Marjolaine Caron à titre de médium n'est plus à faire. Depuis le 1ᵉʳ mars 2002, date à laquelle elle a participé à une émission de Claire Lamarche, son carnet de rendez-vous a été rempli plus d'un an à l'avance, et ses derniers ouvrages, *Ma vie après ta mort*, *Le petit livre de Joshua* et *Je vous donne signe de vie*, sont des best-sellers au Québec. Aujourd'hui, elle partage son temps entre l'écriture, les conférences et les ateliers.

Marjolaine, raconte-nous comment tu as reçu ton premier message de l'au-delà? Je traversais une période difficile à cause de la blessure que m'avaient causée tous ces deuils non résolus. On avait beau me dire que ma mère et les autres personnes que j'avais perdues étaient au ciel, je ne savais rien de la vie après la mort. Un jour, environ quatre ans après le départ de mon meilleur ami, je me suis assise pour écrire une adresse sur une grande enveloppe brune, et là, mon crayon est parti tout seul... C'était, et c'est toujours, comme une pulsion dans ma main: les lettres se forment, et la plume ne quitte jamais le papier. Quand j'ai voulu me relire, tous les mots étaient attachés les uns aux autres. Je ne comprenais rien. Au bout d'un moment, j'ai pu décoder la dernière ligne du message de mon ami, qui disais: «Lâche pas ma grande, je serai toujours derrière toi.»

La vie après la mort

**On imagine le choc...
Comment pratiques-tu
ton métier de médium
aujourd'hui?**

D'abord, je ne me considère
pas comme une médium éso-
térique, mais thérapeutique. Je
fais ce qu'on appelle de l'écriture automatique. Je suis un lien,
une antenne, comme une ligne
téléphonique entre les âmes
désincarnées et les êtres vivants.
Bien sûr, au début, je ne savais
pas comment gérer les messa-

**Quel constat fais-tu
relativement à notre rapport
avec la mort?**

Dans notre société, on n'est
pas préparé à mourir. Si c'est
un sujet tabou, c'est simplement parce qu'on a peur de la
mort. Les familles ne savent
pas comment accompagner
leurs mourants. C'est dom-

abus sexuels ou d'une mère
alcoolique, par exemple, c'est
très puissant.

«Mon but est de participer à la guérison des êtres»

ges que je recevais. J'étais moi-
même dans le doute, je vérifiais
et revérifiais tout ce que je recevais. Ça m'a pris trois ans avant
de me décider à me mettre au
service des gens. Maintenant, je
n'ai plus à vérifier. Même si la
personne qui me consulte ne
reconnaît pas tout de suite la
possibilité de guérison que lui
offre le message qu'elle reçoit,
je sais que le travail va se faire,
avec le temps.

**Qu'est-ce qu'un contact avec
l'au-delà peut apporter?**

Je te dirais que c'est un déclencheur. Ça peut déchirer le voile
de l'ignorance et permettre
d'amorcer la guérison. Quand
je croise les gens dans les semaines ou les mois qui suivent,
je constate leur évolution. Une
demande de pardon de la part
d'un père qui a commis des

mage. Il y a tellement de moments merveilleux qu'on peut
vivre dans la mort quand on
comprend que ce n'est pas la
fin! Ce n'est qu'un passage, un
intervalle pendant lequel on
va se reposer pour mieux préparer notre prochaine incarnation. Ça change la notion
même de la vie. Mon seul but
est de participer à la guérison
des êtres. Ces temps-ci *(mars
2005)*, je prête beaucoup ma
plume à des adolescents et à
des jeunes adultes qui se sont
suicidés et qui veulent communiquer avec leurs parents
éprouvés. C'est souvent comme ça: on dirait que les âmes
viennent en groupe.

**Est-ce que tu peux poser
des questions aux âmes qui
entrent en contact avec toi?**

Je choisis de ne pas le faire. Ce

sont elles qui communiquent avec moi. Je ne prédis pas l'avenir non plus. Je capte d'abord des informations générales, des images par exemple, comme si je voyais une photo de la personne décédée. Ensuite, elle se décrit telle qu'elle était avant sa mort, avec sa personnalité terrestre. Elle peut même me dire de quoi elle est morte. Tout cela a pour but de me permettre de bien l'identifier. Après, je commence l'écriture automatique, qui est l'essence du message que cette âme veut laisser, ici et maintenant, avec sa nouvelle vision, pas celle qu'elle avait au moment de sa mort.

Tes passages à TVA depuis 2002 ont marqué bien des téléspectateurs. Qu'est-ce que ç'a changé pour toi?

Après la diffusion de la première émission *Claire Lamarche* en 2002, il y a eu une expansion extraordinaire de la conscience chez beaucoup de monde. C'est comme si plein de gens étaient tout seuls dans leur coin et se questionnaient sur ce sujet sans savoir à qui en parler. Certains d'entre eux avaient même reçu des manifestations de l'au-delà. Pendant plus de deux ans, j'ai cherché le moyen d'atteindre le plus de gens possible sans faire une consultation privée avec chacun. J'ai laissé mes guides et les défunts, qui cherchent tous à communiquer avec quelqu'un,

m'inspirer l'histoire d'un roman, *Le petit livre de Joshua*. Le résultat, c'est une sorte de journal intime de conversations avec l'au-delà.

Justement, ce bouquin raconte l'histoire d'un jeune médium très doué. Est-ce un ouvrage autobiographique?

D'une certaine façon, oui. Même s'il ne s'agit pas de mon histoire personnelle, les lettres que reçoit Joshua dans le roman sont inspirées de celles que j'ai reçues, pour moi et pour d'autres. Ce que je souhaite le plus, c'est qu'en lisant ce livre, les gens aient l'impression que les messages leur sont aussi adressés, que c'est leur mère, leur père ou un autre être cher qui leur parle d'en haut.

Quand on est aussi branché que toi sur l'au-delà, comment est-ce qu'on perçoit Dieu?

Pour moi, nous sommes tous une parcelle divine du Créateur. Dieu, c'est mon âme, c'est ton âme, c'est notre intelligence innée. C'est l'Esprit saint qui habite en chacun de nous, la partie pure de chaque être humain. Je ne vois pas Dieu comme un personnage séparé de nous, mais plutôt comme la Vie sous toutes ses formes et tous ses plans. C'est la puissance de l'Amour, quoi! ■

www.marjolainecaron.com

Nathalie Chintanavitch

« LE MESSAGE QUE LES INCAS M'ONT TRANSMIS »

À seulement 28 ans, la jeune auteure française fait partie de ces nouveaux *channels* qui impressionnent dans le milieu spirituel. Et quand elle débarque en ville, elle fait courir les adeptes du genre. Face à face avec ce phénomène.

Quand elle est venue au Québec en octobre 2005, Nathalie Chintanavitch a rempli la salle Marie-Gérin-Lajoie de l'UQÀM pendant toute une journée. Sa trilogie, *Rayonnance, La délivrance par le soleil et L'envolée humaine* (Éditions Ariane), lui ont été entièrement transmis par «trois êtres de la civilisation ascensionnée des Incas». Malgré un air angélique et une voix encore juvénile, Nathalie sait captiver l'attention quand elle canalise ses guides devant public. Elle exerce une fascination qui surprend tant elle est simple et tout à fait terre à terre en entrevue.

Nathalie, as-tu toujours été médium?

Depuis que je suis petite, je vois et j'entends des êtres de lumière. La nuit, je sors régulièrement de mon corps et je vais dans d'autres dimensions où je rencontre des êtres de ces univers parallèles. J'ai cru longtemps que tout le monde était comme ça, je ne me posais même pas de questions. Mon père est Thaïlandais et bouddhiste. Dans sa famille, tout le monde est en communication avec les esprits, les ancêtres et les guides. C'est une autre culture, complètement! Donc, quand je parlais de ces êtres lumineux à mes parents, ils n'étaient pas choqués. On ne m'a jamais dit, par exemple, qu'il s'agissait d'amis imaginaires, même si ma mère, elle, est chrétienne!

Tu étais donc prédestinée à recevoir les messages des Incas?

Non, pas du tout! J'ai étudié en tourisme et en science politique. Jusqu'en 2003, j'organisais des voyages et des congrès. Un jour, j'ai eu un ras-le-bol total et j'ai décidé de prendre du temps pour moi. C'est alors que j'ai reçu mes premiers messages des êtres ascensionnés incas. Une nuit, ils sont venus me voir pour me dire que j'allais écrire un livre sur la symbolique du soleil des In-

Comment ces êtres se présentent-ils à toi?

Je pense que ce sont des énergies qui prennent un visage et un corps humains pour ne pas m'effrayer, et surtout pour se rendre accessibles.

Et pourquoi ces «Incas ascensionnés» t'ont-ils choisie?

Ils m'ont demandé de servir de messager parce que j'ai dû travailler avec eux dans des vies antérieures pendant la période où ils ont aidé la

«Depuis que je suis petite, je vois et j'entends des êtres de lumière»

cas. Je ne les connaissais pas, ils ne s'étaient jamais manifestés à moi auparavant. Je leur ai simplement répondu que je voulais bien le faire, mais que je ne connaissais absolument rien aux Incas. Ils m'ont guidé pas à pas, d'abord en me montrant les images de différents symboles. Puis, pendant un mois, tous les soirs, entre 23 h et 3 h du matin, j'avais beau essayer de me mettre au lit, ils venaient tout de suite me voir et me dictaient ce que je devais écrire dans le premier livre. Je me prenais donc des feuilles et, à moitié endormie, je rédigeais en écriture automatique toutes les révélations qu'ils me transmettaient.

civilisation inca à passer à la cinquième dimension. (*NDLR: La cinquième dimension serait un espace où des êtres très évolués vivent à une fréquence plus élevée que la nôtre.*) Les guides ne m'ont pas confirmé cette explication telle quelle, mais comme on choisit avant de naître ce qu'on va expérimenter dans sa vie, je crois que c'est peut-être pour cette raison.

Aa-tu déjà eu accès à certaines de tes vies antérieures?

Oui. Une nuit, alors que j'étais encore sortie de mon corps, d'autres guides m'ont montré des petites tranches d'une vie, qui défilaient comme un film sur un écran. On me disait que ça se déroulait en 1764, en France, et que dans cette vie-là, mon mari était mort à la guerre. J'étais tellement triste que je m'étais laissée mourir de chagrin. Il m'a fallu longtemps avant de comprendre pourquoi on me dévoilait seulement ces événements précis. J'ai dû vivre une rupture difficile et me sentir une fois de plus abandonnée dans cette vie-ci pour réaliser ce que je devais améliorer dans mes relations avec les hommes!

débarrassant de mémoires cellulaires d'anciennes vies qui nous alourdissent au niveau vibratoire. Mais le plus important, c'est que ces outils ne servent à rien, si au départ, comme être humain, on n'est pas bien dans notre vie quotidienne. Il faut tout d'abord arriver à vivre avec le cœur avant de pouvoir mettre en pratique ce que les guides nous enseignent.

Arrives-tu à mettre tout ça en pratique?

Non, je n'ai pas assez de

«Il faut vivre avec le cœur pour mettre en pratique ce qu'ils nous enseignent»

Quel message les Incas veulent-ils transmettre à travers toi?

Le principal objectif est d'aider les humains à élever leur taux vibratoire pour affronter les changements qui s'en viennent. En majorité, les Incas ont réussi à atteindre un degré si élevé d'ouverture du cœur qu'ils ont pu passer à un plus haut niveau vibratoire. Ils ont ascensionné aussi pour que leurs connaissances soient protégées des peuples colonisateurs. C'est pour cette raison qu'on ne retrouve pas grand-chose dans les temples incas. Toute l'information qu'on me transmet sert à offrir des outils aux gens pour les aider à contacter leur propre divinité, par exemple, en se

temps! (*Rires*) Ils me font écrire ces trucs, mais je n'ai pas encore réussi à tout mettre en pratique. J'ai un bébé de deux ans, un conjoint, une vie quoi! Certains lecteurs sont plus avancés que moi! Il faut d'abord que je règle plein de choses à l'intérieur avant de pouvoir vivre entièrement avec le cœur, dans l'amour au quotidien. Cela dit, je ne crois pas que des peuples entiers soient plus élevés ou supérieurs à d'autres en ce moment sur la Terre. On est tous des humains en pleine transformation. ■

incasmasters@yahoo.fr

Léo Gaudet, chirurgien-dentiste et médium

LA DOUBLE VIE DE LÉO

Fondateur du centre Espace Espirita International, le Dr Gaudet s'est trouvé en chemin une deuxième mission de vie: élever les consciences en faisant découvrir aux gens le médium qui sommeille en eux.

Léo Gaudet mène deux vies en parallèle. Quatre jours par semaine, le cartésien en lui exerce la profession très conventionnelle de chirurgien-dentiste. Les trois autres jours, le médium très spirituel qu'il est devenu enseigne bénévolement les notions du spiritisme à ceux qui veulent développer leur potentiel médiumnique. Il y a quelques années, il a acheté une ancienne banque, sur la rue Sainte-Catherine Est, pour y installer le centre Espace Espirita. Cet organisme sans but lucratif tente, entre autres, de faire connaître les enseignements d'Allan Kardec, un chercheur européen auteur de nombreux livres sur le phénomène des médiums. Pas question ici de secte. Chacun est libre de «s'éduquer pour élever ses vibrations et contacter d'autres dimensions».

Léo, comment as-tu acquis cet intérêt pour le spiritisme?
C'est arrivé plutôt tard, puisque j'ai été élevé dans une famille très conservatrice de la Saskatchewan. J'ai donc choisi d'étudier les sciences. Je considérais la médiumnité comme de la fraude ou, au mieux, comme du spectacle. Je n'aurais jamais pensé à cette époque qu'il pouvait y avoir quelque chose de vrai là-dedans. J'avais tout de même fait quelques petites quêtes personnelles, notamment à travers mes voyages en Inde, mais rien ne m'avait satisfait. Un jour, un ami brésilien qui étudiait à Montréal m'a

demandé pourquoi l'auteur Allan Kardec, qui a vendu plus de 20 millions d'exemplaires de son livre sur les esprits, au Brésil seulement (le deuxième best-seller de tous les temps après la Bible), n'était pas plus connu que ça ici.

Et pourquoi donc?
Je n'avais pas la réponse puisque je ne connaissais pas cet auteur, moi non plus. Puis, en bouquinant dans une librairie

saient ses propres connaissances, tout ça de la bouche d'une adolescente ou d'autres médiums qui ne se connaissaient même pas, sa perspective a changé. Il a finalement écrit plusieurs livres sur le sujet. Son approche très cartésienne me plaisait, tout en répondant à mes propres interrogations.

Le Brésil semble être un centre important du spiritisme...

«J'entends parfois les esprits comme un souffle à mon oreille»

d'occasion, je suis tombé sur un des livres d'Allan Kardec. En lisant les premières lignes, j'ai eu la grosse chair de poule, j'ai éprouvé quelque chose que je n'avais jamais ressenti avant. Par la suite, j'ai eu soif de lire tout ce que je pouvais trouver sur Kardec, même si les œuvres de cet auteur n'étaient pas faciles à dénicher au Canada, probablement à cause de l'Église catholique qui mettait tous ses livres à l'Index à une certaine époque.

Quelle est l'approche d'Allan Kardec?
C'est un scientifique qui, au début, s'infiltrait dans des séances médiumniques pour prouver que c'était de la fraude. Mais quand il s'est mis à poser des questions et à obtenir les mêmes réponses qui dépas-

Le Brésil est le plus important pays de la planète en matière de spiritualité. On y compte plus de 8 000 centres spirites, et beaucoup de médecins là-bas travaillent en collaboration avec les médiums pour établir des diagnostics et suggérer des traitements. Le plus grand médium de tous les temps, Chico Xavier, était brésilien. C'était un homme d'origine modeste, presque analphabète, mais qui pouvait écrire pendant des heures sans être conscient de ce qu'il transcrivait sur papier. Dans ses textes, il y avait des révélations médicales si importantes qu'elles servent encore aujourd'hui de base d'étude à de nombreux scientifiques à São Paulo.

Comment as-tu développé tes dons médiumniques?

Quand j'ai compris l'importance du spiritisme, j'ai décidé de créer avec un ami un centre d'étude de l'œuvre d'Allan Kardec. Quand nous nous sommes assis lui et moi dans mon appartement, une brise a traversé la pièce, et les fenêtres se sont toutes fermées une à une, comme dans les films! Dès ce moment, nous avons commencé à recevoir des communications d'entités. Le message que nous avons capté était simple: «Vous embarquez dans un projet qui va illuminer beaucoup de gens.» Par la suite, nous avons suivi les cours d'éducation médiumnique conçus sur le modèle brésilien et nous sommes parvenus à développer nos dons. Aujourd'hui, je peux recevoir des messages d'esprits par psychographie (*écriture automatique*), parfois je les entends (*psychophonie*) comme un souffle à mon oreille, et d'autres fois je les vois ou je vois carrément le texte qu'ils veulent me transmettre défiler devant mes yeux.

Raconte-nous une anecdote qui t'a marqué.

D'habitude, je me ferme aux manifestations lorsque je suis en dehors du centre. Mais une fois, alors que j'étais en route pour le mariage d'un ami, une présence féminine s'est manifestée dans ma voiture. Elle me disait qu'elle était la mère de la mariée, une jeune Allemande que je ne connaissais même pas encore. L'âme de cette femme me demandait de transmettre un message à sa fille... mais je ne savais même pas si elle était morte ou non. Après la cérémonie, je me suis présenté à la mariée et je lui ai remis le message de sa mère. Nous avons beaucoup pleuré tous les deux, c'était très émouvant.

Quel but poursuis-tu au centre Espirita, Léo?

Le premier message que nous avons reçu provenait d'un médecin mort il y a plus de 100 ans. Il nous expliquait qu'il existe un «pont» entre le Brésil, le Québec et la France, et que nous devions travailler ensemble dans le même but, qui est de permettre aux gens de reconnaître leur immortalité. Nous ne sommes pas là pour recruter des membres, ça ne coûte rien de venir ici. Nous ne sommes pas là non plus pour partir une religion. Nous sommes là simplement pour démontrer que chacun de nous peut prendre un peu de temps dans la semaine pour s'exercer à atteindre une dimension plus élevée et que nous allons tous en bénéficier à long terme. ■

www.espaceespirita.com

Ginette Chalifoux

DE SERVEUSE À MAÎTRE REIKI

Après avoir servi des clients dans un resto pendant 25 ans, Ginette Chalifoux soigne aujourd'hui des patients grâce au Reiki, une technique japonaise basée sur les miracles de Jésus. Parcours d'initiée.

Aussi loin qu'elle se souvienne, Ginette Chalifoux a toujours vu et entendu des êtres de lumière lui parler et la réconforter quand ça n'allait pas à la maison. À sept ans, elle discutait librement avec Jésus et les anges qui lui apparaissaient régulièrement, sans s'en formaliser. Déjà, à cet âge, elle se savait différente de ses frères et sœurs. Mais comment expliquer ce qu'elle vivait sans passer pour une folle? Ginette a plutôt opté pour le silence, jusqu'à ce que son don la rattrape, le jour de la mort prématurée de son plus jeune frère. Ce jour-là, elle «a senti des mains la pousser dans le dos et une voix la guider pour accompagner son cadet dans l'ultime passage vers l'autre

monde». Devenue, depuis, maître Reiki, elle a finalement pu laisser son métier de serveuse... pour encore mieux servir son prochain!

Ginette, à quoi ressemble ton plus lointain souvenir d'êtres de lumière?
Je viens d'une famille plutôt dysfonctionnelle, comme il en existe des milliers d'autres. Un jour, je devais avoir sept ans, je m'étais réfugiée sur la galerie tout en feuilletant un catalogue Sears pour ne pas assister à une autre chicane entre mes parents. À bout de nerfs, j'ai simplement demandé à Jésus de venir m'aider, et il m'est apparu. C'était tout à fait normal pour moi à cette époque de le voir et de lui parler. Souvent,

La vie après la mort

je pouvais apercevoir des corps tout «démanchés» se promener dans la maison et me parler le plus naturellement du monde. Il était clair que j'étais la seule à les voir puisque personne d'autre dans la famille ne réagissait à leur présence.

Tu devais être un peu traumatisée, non?
Oui, complètement, parce que je me demandais comment il se faisait que je voyais toutes souffrances que je portais et pour que j'accède enfin à la paix intérieure. Quand j'ai pu constater ses effets extraordinaires sur ma propre vie, j'ai voulu me rendre jusqu'à la formation de maître pour pouvoir offrir la même possibilité aux autres.

Explique-nous ce qu'est le Reiki et comment ça fonctionne.
Pour moi, le Reiki est une éner-

«C'était tout naturel de voir Jésus et de lui parler»

ces choses et que personne n'en parlait dans ma famille. J'ai grandi avec cette différence très lourde à porter sans jamais pouvoir me confier. Et j'avais beau demander au ciel de mettre des gens comme moi sur mon chemin, je n'en rencontrais jamais. Rendue à l'âge adulte, j'ai consulté des professionnels pour qu'ils me confirment enfin que je n'étais pas folle et que plusieurs autres personnes pouvaient voir des entités de lumière.

Qu'est-ce qui t'a menée au Reiki?
Il y a une douzaine d'années, en lisant le livre *Reiki: un pont entre deux mondes* (Les Éditions Marie-Lakshmi), j'ai compris que je devais me faire initier. En fait, le Reiki s'est imposé à moi d'abord pour guérir les gie, une force de vie qu'on porte tous en nous. La technique a été élaborée par un Japonais à la fin du 18e siècle, le Dr Mikao Usui. Ce médecin chrétien a démissionné de son poste d'enseignant et a fait de longues recherches pour comprendre les guérisons instantanées du Christ. C'est qu'il avait échoué à répondre à un de ses étudiants qui lui avait demandé pourquoi les hommes ne pouvaient mettre en application ces paroles de Jésus: «Celui qui croit en moi fera les œuvres que je fais, il en fera même de plus grandes.»

Et qu'a-t-il trouvé?
Après avoir médité pendant 21 jours sur le mont Kuri Yama, il a reçu l'enseignement des guérisons et a pratiqué sa nouvelle technique sur les gens des

quartiers défavorisés de Kyoto. Mais il fallait aussi transmettre son savoir, ce qu'il a fait avec de nombreux disciples et que des milliers de gens font encore aujourd'hui partout dans le monde. Pour ma part, quand je donne un traitement de Reiki, je deviens un canal pour que l'énergie universelle passe à travers mes mains et apporte un bien-être à la personne qui me consulte. En plus, je vois les maîtres de lu-

Tu vois aussi des entités moins lumineuses. Donne-nous un exemple.
Dernièrement, je suis allée dans un magasin pour acheter des chaussures. La jeune fille qui me servait était belle comme le jour, mais elle était entourée d'une espèce de brouillard noir et je voyais dans ses yeux qu'elle était

«J'ai consulté pour confirmer que je n'étais pas folle»

mière qui m'accompagnent dans le traitement puisque je suis aussi médium.

Que vois-tu, au juste?
Je peux voir les grands maîtres japonais du Reiki, Jésus, Marie… plein de monde. En fait, ça dépend de la personne qui est sur ma table. Au début, je ne disais rien, mais maintenant, je parle aux êtres de lumière et leur demande de m'aider.

Tu sais que l'Église catholique voit le Reiki comme une porte d'entrée pour Satan. Qu'en penses-tu?
La religion catholique a toujours été sur un trip de pouvoir, qu'elle exerce d'ailleurs encore aujourd'hui en utilisant l'arme de la peur. Cette position n'est pas étonnante,

mais elle ne m'intimide pas non plus.

habitée par des énergies du bas astral. Je lui ai demandé la permission de lui parler très personnellement. Elle a figé quand je lui ai mentionné que je savais qu'elle jouait au Ouija. (*Un jeu divinatoire où les esprits sont censés répondre aux questions des joueurs.*) Elle m'a finalement avoué qu'elle avait aussi participé à des messes noires et qu'elle était prise avec «ça». En jouant à ces jeux dangereux, elle avait ouvert une porte qui ne se refermait plus. Elle est venue me voir, et, en une seule séance, on a finalement réussi à la libérer de ces mauvaises vibrations. ■

mediumanges@hotmail.com

Monique Raymond

ÊTRE MÉDIUM DEPUIS L'ÂGE DE 4 ANS

Depuis sa tendre enfance, Monique sait qu'elle est différente des autres. Médium et clairvoyante, elle a dû attendre la fin de la trentaine pour mettre enfin son talent au service des gens. Parcours insolite d'une femme douée.

Quand elle était petite, Monique Raymond voyait les événements avant qu'ils ne se produisent dans ce qu'elle appelle sa petite «télé intérieure». Sa mère qui était d'origine italienne, la croyait possédée et l'accusait de provoquer elle-même les drames. Monique a aussi passé de longues années chez les religieuses à se faire bénir pour être exorcisée de ses prétendus démons. De quoi était-elle coupable? De rien, sauf de posséder un don exceptionnel de clairvoyance et une sensibilité hors du commun, qui lui permettent de ressentir tout ce que vivent les gens qui l'entourent, parfois même avant eux. Voici son témoignage

Monique, quand as-tu réalisé que tu étais différente des autres enfants de ton âge?
Vers l'âge de quatre ans, j'ai dit à ma mère que mon frère devait éviter de prendre sa bicyclette le lendemain, car il lui arriverait un accident. Me traitant de sorcière et m'interdisant de parler comme ça, elle m'a frappée à coup de strappe et m'a mise en punition dans ma chambre. Le jour suivant, j'ai ressenti que l'accident s'était produit. Je me suis transportée hors de mon corps jusqu'à la rue Côte-des-Neiges, où j'ai constaté que mon frère était blessé et que son vélo était une perte totale. J'ai donc averti ma mère avant que les policiers ne l'appellent. Et j'ai eu droit au même châtiment, car ma mère

croyait carrément que j'étais responsable des malheurs de mon frère! Même si je savais que je ne provoquais pas les événements, je me sentais tout de même coupable.

Est-ce que ç'a duré toute ton enfance?

Oui. Je sentais toutes les souffrances avant qu'elles ne se produisent. Par exemple, si je disais à ma mère que mon petit frère allait être malade, le

habiter mon corps, ce que j'ai fini par faire. Quand j'ai été guérie de ma maladie, la famille pensait que les prières m'avaient sauvée. En réalité, c'est moi qui avais consciemment décidé de continuer à vivre.

As-tu réussi à pardonner à ta mère?

Oui, j'ai fini par lui pardonner peu de temps avant sa mort. Deux semaines avant qu'elle ne meure, à 76 ans, d'un

«Je ne provoquais pas les événements, mais je me sentais coupable»

lendemain, il l'était. De plus, il saignait souvent du nez, et je pouvais ressentir son saignement avant lui. Et à chaque fois, on m'envoyait chez les religieuses, qui me bénissaient pour me libérer du diable. Je me rappelle une autre expérience; celle-là concerne mon père, décédé alors que je n'étais qu'un bébé. C'était après ma première année à l'école: j'avais été très malade, ça avait duré tout l'été. Un jour, je me souviens que je me promenais au-dessus de mon corps au moment où le prêtre me donnait les derniers sacrements, croyant que mon heure était venue. Mais, en fait, j'étais avec mon père, je riais et je ne voulais surtout pas revenir dans mon corps. Mon père m'a ensuite demandé de ne pas franchir cette limite et de retourner

arrêt cardiaque, je suis allée la voir chez elle sans savoir qu'elle n'en avait plus pour longtemps. En quittant son appartement, quelque chose m'a dit d'y retourner. J'ai alors poussé la porte, lui ai souri et à ce moment, j'ai su que c'était la dernière fois que je la voyais. Je lui ai téléphoné tous les jours jusqu'à sa mort. On a beaucoup ri, ce qui est étonnant parce qu'on avait toujours été comme chien et chat, elle et moi. Puis un matin, après sa mort, je me suis réveillée effrayée: ma mère était assise au pied de mon lit, habillée avec les mêmes vêtements que le jour de ses funérailles. J'ai eu tellement peur... Je lui ai demandé, ainsi qu'à mes guides, de ne plus me faire ce coup-là. Je ne veux plus voir les morts comme je vois les vivants! J'ai été entendue. Et aujourd'hui, je ressens des choses, j'entends des sons, je vois des images dans ma tête, mais je ne vois plus de fantômes. Dans les trois mois qui ont suivi le décès de ma mère, j'ai eu des contacts quotidiens avec elle, et nous avons réussi à régler toutes nos histoires. Elle m'a même dit: «Si j'avais su que tu étais si belle dans ta lumière...»

que 38 $ et que je n'avais donc pas les moyens de les investir dans une petite annonce, sans compter que j'avais trois enfants à nourrir... Mais la voix ne me lâchait pas, elle me réveillait même la nuit. J'ai donc passé cette annonce. La première semaine, j'avais six clientes. J'ai commencé avec le tarot et, tranquillement, j'ai surtout travaillé sur les énergies – ou l'âme, si vous préférez –

«Je ne veux plus voir les morts comme je vois les vivants!»

Comment en es-tu arrivée à gagner ta vie avec ce que tu appelles la «lecture d'âme»?
Après avoir vécu une séparation douloureuse il y a 12 ans, je vivais de l'aide sociale et j'essayais de m'en sortir tant bien que mal en faisant plein de petits boulots, dont des démonstrations de Tupperware. Un jour, alors que j'attendais 12 personnes dans ma cuisine pour une session de vente, personne n'est venu. Dans la même journée, mon réfrigérateur et mon micro-ondes ont brisé. Je me suis dit que la vie voulait certainement m'envoyer un message... Soudainement, j'ai entendu une voix me disant: «Mets une annonce dans le journal.» Je me souviens d'avoir répondu à cette voix qu'il ne me restait des gens qui se présentaient chez moi.

Qu'est-ce que tes clients viennent chercher chez toi?
Ils viennent à la fois se libérer et se guérir de toutes sortes de patterns qui les empêchent d'évoluer. J'arrive à entrer dans leur bulle et à ouvrir les poupées russes qui cachent les secrets de leur enfant intérieur. Je peux aussi voir et entendre les guides des gens. Je leur transmets des messages pour qu'ils aident mes clients à avancer dans la vie. ■
lecturedelame.com

LOUISE LAMOUREUX

L'INCROYABLE DON DE LOUISE

Louise Lamoureux possède un don. À l'instar du grand médium américain Edgar Cayce, elle prête sa voix à des entités de l'au-delà quand elle entre en transe profonde inconsciente.

Je vous ai présenté une entrevue réalisée avec l'ex-jésuite Placide Gaboury, qui a publié de nombreux ouvrages sur la spiritualité. Son dernier livre, *Les compagnons du ciel*, regroupe «des conversations qu'il a eues avec des personnages connus qui se sont manifestés depuis l'au-delà à travers la médium Louise Lamoureux». Au moment de cette entrevue, je connaissais le phénomène, mais je n'avais jamais vu quelqu'un entrer en transe profonde inconsciente. Je vous passe les détails des messages que diverses entités m'ont adressés à travers cette médium, mais puisque je suis la seule à connaître certains des faits qui m'ont été rapportés, c'est plutôt troublant. Je dois aussi ajouter que les recherches que j'ai menées sur le *channeling* – dont je parle dans *On ne meurt pas* (Libre Expression) – m'ont apporté la certitude que les contacts avec une autre dimension sont possibles, même si on ne parvient pas à les expliquer scientifiquement. Ainsi, d'aussi loin qu'elle se souvienne, Louise a toujours été médium. Elle ne pratique cependant la transe et la canalisation d'entités que depuis quelques années. Rendez-vous avec une femme authentique et dévouée.

Louise, comment as-tu découvert ton don?
Enfant, je voyais déjà les entités, comme je vous vois là, devant moi. Avoir des contacts avec les êtres de lumière fait

partie de ma vie, c'est pour moi une réalité. On m'a également dit que j'avais été médium dans mes vies antérieures.

Explique-nous ce que tu vois.

Je vois surtout des anges. Ils se présentent comme des entités très, très grandes, et très lumineuses. Ils n'ont pas toujours une forme humaine. Parfois, je les perçois comme des sphères de lumière très intense. Si l'âme d'une personne décé-

cernent que toi. Une chose que je mets en pratique, c'est de «focusser» sur les points de couleur que je vois en fermant les yeux. Je cible une de ces couleurs et, à force de me concentrer, c'est comme si j'entrais dans la couleur. Au bout d'un moment, d'autres perceptions s'ajoutent.

Et la transe?

Après quelque temps, je me suis jointe à un autre groupe, avec lequel j'ai continué à découvrir

«Je vois surtout des anges»

dée m'apparaît, je la vois dans la forme que cette personne avait avant de mourir.

Quand as-tu décidé de mettre ce don au service des gens?

Ça s'est passé à l'époque où je travaillais dans l'hôtellerie. Le matin, je prenais le métro avec le même groupe de gens. Un jour, un des hommes de ce groupe m'a demandé si j'étais intéressée à rencontrer son frère, qui donnait des cours pour devenir médium. J'avais les aptitudes, mais c'est dans ces ateliers que j'ai appris à développer mon côté psychique en faisant des exercices, notamment la psychométrie. Par exemple, je peux prendre un bijou que tu portes sur toi, qui est donc imprégné de ton énergie, et, en me concentrant, percevoir des choses qui ne con-

mes capacités, jusqu'à ressentir des symptômes de transe. J'étais parfois étourdie pendant les exercices, et il m'arrivait même de perdre connaissance. Une amie m'a alors dit que j'avais des dispositions pour la transe, mais je ne voulais rien savoir de ça. Cependant, plus je résistais, plus mon corps réagissait fort. J'ai poursuivi ma démarche et je me suis mise à pratiquer l'écriture automatique, c'est-à-dire à transmettre par écrit, à ceux qui me consultaient, des messages de défunts. C'est aussi à cette époque que j'ai commencé à canaliser l'entité François d'Assise, qui se manifestait régulièrement à moi. Il est d'ailleurs devenu un habitué. Là encore, une amie me demandait régulièrement d'essayer de faire de la transe, mais je demeurais réticente.

J'avais tellement peur de déranger les gens et, surtout, je ne me faisais pas confiance. En fin de compte, j'ai décidé de me laisser aller. J'ai accepté de m'abandonner à la transe devant le groupe qui assistait aux rencontres de croissance personnelle. Ça allait, mais tout s'arrêtait automatiquement dès que je sentais qu'il y avait un sceptique dans la salle.

Est-ce à ce moment que tu as décidé d'aider les gens?

Au début des années 1990, j'ai rencontré un médium qui m'a finalement donné la confiance dont j'avais besoin pour prendre cette décision. Cet homme m'a dit que mes capacités de transe s'accroîtraient de façon considérable, mais je ne voyais pas bien comment, car je travaillais à temps plein dans les cuisines d'un grand hôtel. En plus, j'avais des problèmes de santé. Mais, pour faire une histoire courte, j'ai fini par faire de la transe sur une base régulière à partir de 1994.

Comment te sens-tu lorsque tu sors d'une transe? Est-ce épuisant?

Oui, et c'est pour ça que je ne reçois pas plus de deux ou trois personnes par jour. Quand je me «réveille», je me sens tout de même reposée, mais il faut faire attention; ce n'est pas un exercice auquel je me livre quotidiennement. Mon but n'est pas de faire des sous, mais d'aider. Ce qui m'intéresse, c'est la croissance spirituelle. Quand une personne sort d'ici satisfaite, c'est comme une lumière qui s'allume. Je sais qu'elle peut continuer son chemin avec ces nouveaux points de repère.

Est-il possible de contacter qui l'on veut?

Quand j'entre en transe, c'est l'énergie de François d'Assise qui s'adresse d'abord à la personne en consultation. Ensuite, on peut parler à qui on veut: un parent, un ami décédé, un guide, etc. Pour ma part, quand je reviens à moi, je ne me souviens de rien.

Est-ce que tu consultes tes propres guides?

Ils sont toujours présents auprès de moi. Je pense, entre autres, à la fois où je m'apprêtais à traverser le boulevard Rosemont, au coin de Pie IX, il y a quelques années. J'étais déjà engagée sur la chaussée quand j'ai entendu distinctement une voix qui me disait: «Arrête.» Au même moment, une voiture est passée sur la rouge à cent milles à l'heure. Si mon guide n'était pas intervenu, je ne serais pas ici pour vous en parler! ■

nouvelleenvolee@hotmail.com

Francine Leduc
ÉCOUTER LES
ENTITÉS DE LUMIÈRE

Le 12 novembre 1998, Francine Leduc a reçu son premier message de l'au-delà. Aujourd'hui, elle n'a qu'à prendre un papier et un crayon, et les mots arrivent, sans même passer par son mental.

Francine Leduc est gestionnaire pour une grande entreprise de Montréal. Elle a longtemps hésité avant de «sortir du placard», de peur d'être jugée. Mais les messages qu'elle reçoit «sont trop importants» pour demeurer lettre morte. Elle a donc décidé de les partager, non pas pour convaincre qui que ce soit, mais pour apporter un éclairage à ceux qui sont prêts à le recevoir. Elle a capté pendant un an, tous les vendredis soir à 20 h précises, un nouveau message qui se traduit par une forme de prière pour la Terre. La technique est identique à celle qu'emploie le célèbre auteur américain des best-sellers *Conversations avec Dieu*, Neale Donald Walsch. Elle ne voit pas les entités ni ne les entend, mais elle sent leur présence et laisse monter les phrases sans leur permettre de passer par son intellect.

Francine, comment est arrivé ton premier message?
Depuis l'âge de 10 ans, j'écris ce qui me vient sur tout ce que je trouve: des petits bouts de papier, des cahiers… Peu importe le sujet, j'écris. En 1998, je vivais une période difficile après la mort d'un de mes amis et, un jour, je me suis retrouvée dans un magasin, guidée par je ne sais quelle force, à acheter un cahier et un crayon bien précis, sans raison apparente. À 3 h de la nuit, je me suis réveillée et j'ai su que je devais écrire. Toutes les fois d'avant, j'écrivais à partir

d'une émotion que je vivais mais, cette fois-là, ce n'était pas pareil. Les premiers mots qui se sont retrouvés sur mon papier étaient: «Je te guide de l'au-delà…» Je suis restée bouche bée! Ce n'était pas de l'écriture automatique, mais ça me venait mot par mot, sans que je réfléchisse. Je ne savais même pas si ce que j'écrivais avait du sens. J'ai décidé de ne plus penser et d'écrire les mots sans me préoccuper du contenu. Ça passait directement par le cœur. Au bout de cinq

Décris-nous ce qu'est pour toi un «être de lumière».
C'est une expression consacrée, mais puisque je ne les vois pas, c'est plutôt comme dire de quelqu'un qu'il a une bonne énergie. Je sens une présence bienveillante. Ils utilisent des sons qui résonnent d'une certaine façon, qui ont une vibration élevée. C'est une véritable symphonie. Ça peut paraître étrange, mais si je ne suis pas branchée sur le bon «canal», les mots sont différents et les messages ne sont pas aussi

«J'ai décidé de ne plus penser et d'écrire les mots»

ou six pages, c'était écrit: «Fin de la communication!»

Comment as-tu réagi?
Je me suis dit: «*Wow!*» Puis j'ai lu le texte. J'avais beaucoup d'informations sur mon ami décédé et sur mon père à travers le filtre de ces êtres de lumière. Aujourd'hui, je ne veux plus parler aux personnes décédées. Je l'ai déjà fait, mais maintenant, je me protège de certaines âmes. Je sentais qu'elles se servaient de moi pour régler des choses qui n'avaient pas été réglées de leur vivant. Il y a une limite à pouvoir aider le monde, et ça me mettait trop à l'envers. D'autres médiums le font, très bien d'ailleurs. Moi, quand je ne suis pas à l'aise dans une situation, je me ferme.

élevés, pas aussi lumineux. Le but, au fond, c'est de m'élever dans la vibration d'amour pour atteindre leur niveau. C'est dans ce sens que je parle d'«êtres de lumière». Il a fallu que j'accepte cette nouvelle ouverture de conscience. J'ai douté beaucoup au début. Je doutais d'eux autant que de ma capacité à canaliser. La journée où j'ai assumé ce qui m'arrivait, j'ai aussi accepté ma mission de messagère.

Pourquoi dois-tu capter des messages le vendredi soir, à 20 h?
J'ai fait un grand bout de chemin pour comprendre ce que je pouvais apporter aux autres. Depuis un an, je suis enfin reconnaissante de ma vie, et la

demande de l'au-delà de capter ces messages est arrivée en même temps. On m'a invitée à canaliser des prières toutes les semaines depuis le mois d'octobre *(2004)*, et ce, jusqu'en août prochain *(2005)*. Pourquoi à cette heure? Peut-être pour installer une forme de rituel parce qu'il y a une urgence d'aider la Terre à élever son taux vibratoire. Il faut aider les gens à s'élever eux aussi, entre autres par une prise de conscience sur le plan de l'environnement. Je ne suis pas la seule à avoir

taines personnes, ce qui m'a encouragée à en parler publiquement. On a tendance à tout tenir pour acquis, mais ces prières nous font comprendre qu'on a tous un rôle très important à jouer sur la Terre. Et on a tous un canal; il suffit de le reconnaître.

Quelle est la plus grande chose que le contact avec cette autre dimension t'a apportée?
L'expérience la plus extraordinaire s'est produite alors que je

«Je ne veux pas parler aux personnes décédées»

cette mission. Je ne veux pas en faire une carrière non plus, mais je ne peux pas rester dans mon salon avec quelques amies à prier pour que ça se produise.

Quelle est l'essence de ces messages?
Ça traite de toutes sortes de choses qui nous aident à être en paix avec nous-mêmes. J'ai demandé à mes guides comment partager cette information, et la réponse a été de la mettre sur Internet, ce que j'ai fait. Mais je cherchais une autre façon de diffuser les messages, sans détruire ma carrière ni passer pour une illuminée. J'en ai parlé autour de moi, et j'ai eu l'agréable surprise de constater qu'il y a beaucoup d'ouverture. J'ai même eu des confidences de cer-

me promenais dans Charlevoix avec mon chum. Je m'entendais lui raconter quelles cultures poussaient dans chacun des champs qu'on croisait alors que je ne connais rien à l'agriculture. Comme si j'avais eu spontanément accès à la connaissance universelle. J'ai alors compris que, si on se met en état de symbiose avec l'univers, on a accès à toute la connaissance de la Terre! ■

http://pages.videotron.ca/prieres/

Élie Lelus

LE BIBLIOTHÉCAIRE DES VIES ANTÉRIEURES

Élie Lelus se définit comme un «médium en transe, à la façon du célèbre Edgar Cayce». Depuis 50 ans, il «lit» dans les vies antérieures des gens qui le consultent pour les «aider à évoluer».

Élie Lelus est un phénomène. À 79 ans, il devrait déjà être mort… plusieurs fois! Mais ses «maîtres spirituels» l'ont toujours protégé, explique-t-il. Il avait à peine 17 ans lorsqu'il a compris qu'il possédait un talent particulier, celui d'entrer en transe et d'avoir accès aux «archives du Monde», sorte de grande bibliothèque de la connaissance et des vies antérieures. Dans un de ses livres, *Comment l'âme se réincarne* (Édimag), il explique en détail, exemples à l'appui, comment notre karma et nos vies antérieures ont un effet direct sur l'existence que nous vivons présentement. D'ailleurs, il n'est pas le seul à l'avoir fait. Des auteurs très crédibles, tels le psychiatre américain Raymond

Moody et le docteur en hypnose Michael Newton, ont écrit sur la thérapie par régression dans les vies antérieures comme source de guérison de notre «mal-être» ou de nos maladies.

Monsieur Lelus, comment avez-vous été mis en contact avec le phénomène des vies antérieures?

Un jour, alors que je venais de m'engager pour aller combattre les Allemands –alors de la Seconde Guerre mondiale –, un type m'a demandé, dans le métro de Paris, si je m'appelais bien Élie Lelus. Il m'a fait signe de le suivre parce qu'il avait un message à me livrer. J'ai eu peur d'avoir affaire à un homosexuel, surtout qu'il m'entraînait dans une suite d'hôtel. Là, il a fait

La vie après la mort

venir sa secrétaire – ce qui m'a rassuré – pour qu'elle prenne en note toute l'information qu'il avait à me transmettre sur mes vies antérieures. Il m'a dit que j'allais subir plusieurs accidents et que je survivrais seulement grâce à ma pensée.

Par exemple?

Quelques années plus tard, en Afrique, j'ai eu la gangrène. On m'a dit que j'allais mourir, qu'on ne pouvait pas

fois d'y laisser ma peau lorsque j'ai entendu une voix intérieure me dire: «Tu ne vas pas mourir. Comprends seulement ce que tu es en train de faire. De toute façon, dans 10 jours, tu vas rentrer en France, on ne te lâche pas.» Eh bien, 10 jours plus tard, je me suis mis à vomir du sang, et on m'a rapatrié pour me soigner d'un ulcère d'estomac chronique!

«Il est possible de modifier son karma»

me soigner. J'ai regardé ma jambe malade et je lui ai parlé longuement: «J'ai encore besoin de toi pour faire des photos.» J'étais photographe à l'époque. Le lendemain matin, alors qu'on me croyait agonisant, j'ai demandé un café et un croissant. Le personnel soignant a fait venir le médecin. Celui-ci a effectué des prélèvements et a constaté que la gangrène s'était arrêtée. On a expliqué cette guérison soudaine en affirmant que j'avais dû réussir à éveiller mon système immunitaire.

Comment avez-vous su que vous pouviez entrer en transe et communiquer avec vos «maîtres spirituels»?

C'était également pendant la guerre. J'essayais de me défendre et j'étais sûr encore une

Comment se passe une séance quand on vous consulte?

Je commence par lire l'aura de la personne. Il s'agit de la couleur dominante qui se dessine autour du corps dès la naissance, une sorte de vibration. Ainsi, je peux détecter quels sont les points positifs ou négatifs de la personnalité de l'individu que je reçois. C'est en combattant ses défauts dans chacune de ses vies qu'on peut atteindre la pleine réalisation de soi.

Et avec vos guides, comment ça se passe?

Au fil des années, ils m'ont révélé leur nom pour que je puisse les reconnaître. Ces maîtres vont dans ce qu'on appelle les Annales Akashiques – qui sont comme des archives universelles de nos mémoires biologiques – chercher l'information sur les vies antérieures et me communiquent les événements les plus importants reliés aux difficultés actuelles de la personne qui consulte. Quand on saisit que la vie est faite de batailles, de conquêtes sur soi-même, on réalise la puissance des vies antérieures. Cette information nous permet de comprendre ce qu'on a créé dans cette vie-ci et comment le modifier.

père porte à son fils. Ces révélations ont surpris le jeune homme qui me consultait. Il m'a alors confié qu'il souffrait de boulimie et qu'il se levait la nuit pour manger… du pain! Il pouvait manger cinq ou six baguettes françaises par jour.

Comment a-t-il réglé son problème?

En le questionnant, j'ai appris que, dans cette vie-ci, il n'avait pas connu son père. Manger du

«L'aura, c'est la couleur dominante qui se dessine autour du corps...»

Donnez-moi un exemple.

Un homme m'a consulté sans me dire de quoi il souffrait, seulement pour vérifier si j'allais le trouver moi-même à l'aide de ses vies antérieures. Grâce à mes maîtres spirituels, j'ai retracé une de ses vies antérieures où il était nain et où son père, pour lui faire comprendre que la taille n'a pas d'importance, lui avait confié la responsabilité de rapporter le pain de la boulangerie tous les jours. Devenu adulte, il avait à son tour eu un fils à qui il avait confié la même responsabilité. Jusqu'à son dernier jour dans cette autre vie, son fils lui a apporté du pain frais chaque matin. Avant de mourir, il a dit à son garçon que c'est en accomplissant cette tâche qu'il était devenu un homme et qu'il avait compris l'amour qu'un

pain était pour lui une façon de retrouver la vibration de ce père qui lui avait cruellement manqué. Une vingtaine de jours plus tard, il m'a rappelé pour me confier que son problème avait disparu. Aujourd'hui, il espère avoir un fils à qui il va confier la responsabilité d'aller chercher du pain! C'est ça, le libre-arbitre, la possibilité de modifier son karma. ■

www.elielelus.com

Alain Benazra, médium
« COMMENT MON CERVEAU FONCTIONNE »

Alain Benazra est un des médiums les plus médiatisés. Il se dit clairvoyant, clairaudient et capable d'entrer en contact avec les morts. Véritable don ou immense talent de physionomiste et de communicateur?

Alors que la majorité des médiums sont plutôt timides et réticents à se montrer dans les médias, Alain Benazra, lui, est friand de publicité. Dans sa brochure de promotion, il explique avoir pris conscience de ses facultés paranormales dès l'âge de15 ans. Né à Paris mais «charmé et aimanté par la mentalité du peuple québécois», il s'est définitivement installé à Montréal en 1996 pour y pratiquer à temps plein le métier de médium. Très vite, on l'a vu participer à des émissions de télé et collaborer à des magazines en vogue pour y rendre publiques, entre autres, ses prédictions annuelles des événements mondiaux. À l'été 2005, M. Benazra a même accepté de faire une démonstration en direct de ses «talents» de messager de l'au-delà à l'émission humoristique de Radio-Canada *En attendant Ben Laden*.

Monsieur Benazra, pourquoi avoir accepté de participer à cette émission, au risque de ridiculiser votre métier?
On m'a appelé pour remplacer quelqu'un à la dernière minute et on a été très gentil avec moi. J'aime bien Jean-René Dufort, et personne ne peut me ridiculiser. En plus, je crois qu'il ne suffit pas de s'afficher comme voyant et de dire que l'on possède un don: il faut aussi le démontrer.

La vie après la mort

En nous contactant, vous vouliez nous expliquer comment votre cerveau fonctionne en clairvoyance. Que voyez-vous au juste?

Je prends d'abord la main de la personne qui me consulte et je la regarde au fond des yeux, qui sont pour moi les fenêtres de l'âme. Puis je lui demande son âge, et la séance commence. J'appelle cela une «radiographie spirituelle». Je me perçois comme une antenne de télé,

les images que vous recevez?

Non: je reçois tout en vrac. Par exemple, deux ans avant le tsunami, j'ai vu une catastrophe naturelle survenir en Inde, et j'en ai parlé dans un de mes livres. J'ai aussi mis les gens en garde, dans une revue québécoise, pour qu'ils évitent les voyages en avion à l'été 2001. Je sentais un véritable danger vers la fin de l'été, sans toutefois voir les avions frapper les tours à New York. *(Ces pré-*

«Quand j'ouvre mon canal, j'entre dans le monde parallèle»

un canal de voyance qui transmet ce qu'il reçoit, sans filtre. Je suis donc un outil entre l'élément céleste et l'élément terrestre. Et je dis aussi aux gens que je n'ai pas d'intuition, mais que je suis directement branché. Quand j'ouvre mon canal, j'entre dans le monde parallèle. C'est comme une grande bibliothèque virtuelle. Je vois des images et j'entends des sons. Je vois très clairement des flashes d'événements passés, présents et futurs. Mes guides me transmettent aussi, en clairaudience, des informations sur la personne qui me fait face. Je rêve qu'un jour des scientifiques puissent faire un encéphalogramme de mon cerveau pour détailler ce que je reçois.

Pouvez-vous exercer un certain contrôle sur

dictions ont en effet été publiées en juin 2001.)

Quand vous êtes en contact avec les morts, que se passe-t-il dans votre tête?

Je travaille à partir de photos. Je ne devine rien. Les gens m'apportent une photo de la personne décédée et je mets ma main au-dessus du cliché pour capter l'information. Je décris cette personne de son vivant pour créer un climat de confiance et bien vérifier son identité. Puis, je transmets directement les messages du défunt. Mon seul but est de rendre service, pas de forcer la communication avec les disparus.

Comment voyez-vous la vie après la mort?

Pour moi, on a une âme qui

entre dans notre enveloppe corporelle à notre naissance. Quand on meurt, notre corps se désintègre, mais l'âme remonte d'où elle est venue. Là, on reprend contact avec le monde de l'au-delà avant de se réincarner dans une autre enveloppe, plus tard. C'est un cycle.

À quoi sert une visite chez un clairvoyant?
C'est une façon d'aller à la découverte de soi, de mieux con-

même chose. Vous ne vous intéressez pas à l'argent, ce n'est pas ça qui vous garde dans un emploi. Vous avez constamment besoin de nouveaux défis. Même si vous êtes très appréciée dans votre travail, vous allez déclencher un changement dans votre vie professionnelle. Vous aurez de très grands succès, plus que vous ne le pensez, à la fin de l'été ou au début de l'automne 2006. Ce sera un renouveau total.

«Notre corps se désintègre, mais l'âme remonte d'où elle est venue»

naître ses forces et ses faiblesses. On peut aussi prendre conscience d'un talent ou prévenir un danger. Je peux par exemple dire aux gens qui me consultent quoi surveiller en ce qui concerne leur santé, sans poser de diagnostic, bien sûr. La voyance devient un phare pour certaines personnes qui traversent des moments difficiles: c'est une médecine de l'âme.

Faisons le test. Voulez-vous me prédire ce qui va m'arriver sur le plan professionnel? Ce sera facile à vérifier...
D'accord. Je peux vous dire que vous ne resterez pas journaliste dans ce que vous faites maintenant. Jusqu'en octobre cette année (2005), ce n'est pas à vous de dire: «Je change de métier.» Mais vous n'êtes pas du genre à faire toujours la

Vous demeurerez peut-être journaliste, mais dans un domaine qui sera beaucoup plus spécialisé. Je vous vois jouer un rôle médiatique.

On verra bien! ■
514-369-6823

Marie Lise Labonté
UN ANGE
DE LA GUÉRISON

Depuis 20 ans, Marie Lise Labonté s'est taillé une place importante dans le milieu spirituel grâce à ses nombreux livres sur la guérison. Elle propose une méthode qu'elle a d'abord expérimentée sur elle-même.

Il y a de ces noms prédestinés! C'est exactement ce qu'inspire Marie Lise quand on la rencontre: la bonté. Atteinte d'arthrite rhumatoïde à l'âge de 21 ans, cette orthophoniste de profession s'est guérie d'une maladie incurable par le pouvoir de l'imagerie mentale et des mouvements corporels d'antigymnastique. Elle a ensuite développé sa propre technique, la Méthode de libération des cuirasses, après avoir vécu un moment inespéré d'éveil spirituel. Aujourd'hui, elle donne des formations partout au Québec et en Europe francophone. De passage à Montréal pour la promotion de son dernier ouvrage, *Guérir grâce à nos images intérieures*, publié aux Éditions de l'Homme, elle a bien voulu répondre à mes questions.

Marie Lise, expliquez-nous comment vous vous êtes guérie d'une maladie incurable…
C'était dans les années 1970. Les médecins avaient diagnostiqué une forme d'arthrite rhumatoïde qui me condamnait à la chaise roulante, à plus ou moins court terme. C'est à ce moment que j'ai été en contact avec une vision d'horreur, celle d'une femme de 45 ans en train de mourir à cause de l'arthrite et des médicaments. Après avoir vu cette image, tout mon corps a crié «non!». J'ai donc décidé de me prendre en main. Un de mes amis m'avait offert le livre de Thérèse Bertherat sur l'anti-

La vie après la mort

gymnastique, *Le corps a ses raisons*. J'ai tout laissé: mon amoureux, mon travail, ma famille… Et je suis partie à Paris pour suivre les cours de cette femme. Peu à peu, les mouvements que je faisais, trois fois par jour, une heure chaque fois, me soulageaient. Tout cela a duré un an, et c'est pendant cette année que j'ai commencé à libérer des images de moi qui

forte qu'elle me faisait tomber vers l'arrière… J'avais des sueurs. C'était comme si quelqu'un, en moi, voulait dire autre chose sur la guérison que ce que j'avais prévu!

Comment avez-vous réagi, sur le coup?
Évidemment, j'ai paniqué. Je ne voulais pas laisser la parole à une telle énergie. J'ai mis un

«J'ai tout laissé: mon amoureux, mon travail… Et je suis partie à Paris!»

remontaient spontanément et permettaient à mon corps de se régénérer. Quand je suis revenue au Québec, les médecins, qui ne comprenaient pas comment je m'étais guérie, ont déclaré que j'avais sans doute reçu un faux diagnostic!

Comment avez-vous vécu votre éveil spirituel?
Je m'en souviendrai toute ma vie. C'était en 1986, et je donnais une conférence sur l'auto-guérison à des médecins, des infirmières et d'autres professionnels de la santé. Au milieu de mon exposé, j'ai senti une sorte de dédoublement très inconfortable. J'étais déjà habituée à donner des conférences depuis plusieurs années, ça ne pouvait donc pas être le trac qui provoquait une telle réaction. Je sentais une énergie incroyable, qui me rentrait dans le crâne. Cette puissance était tellement

terme à ma conférence en prétextant un malaise. Et depuis ce moment précis de ma vie, je n'ai plus jamais été seule!

Par la suite, comment avez-vous géré les événements?
J'ai cessé de donner des conférences pendant deux ans parce que, chaque fois que je prenais la parole en public, cette «chose-là» se manifestait. J'ai demandé à des amis psy de me faire passer des tests, car je croyais que je devenais folle, mais ils me disaient que je devais être un peu surmenée. Ce qui me rassurait, c'est que je faisais des rêves extraordinaires, dans lesquels on me transmettait des renseignements, que je notais à mon réveil et qui m'ont servi à donner des formations par la suite. Un jour, une amie m'a fait comprendre que je vivais un phénomène «hors corps» et elle m'a conseillé

de consulter un médium. À l'époque, les médiums, pour moi, c'était un mystère complet, même si je savais qu'ils existaient.

Et ce médium, que vous a-t-il dit?

Celui que j'ai vu canalisait des entités, appelées Transformers, quand il était en transe. Je me souviens que j'étais très impres-

Qu'est-ce que cette expérience a transformé dans votre vie?

Tout. Il a d'abord fallu que je partage ce que je vivais. Par exemple, j'en ai parlé à la télé. J'ai été critiquée par certains, mais je n'avais rien à prouver aux journalistes. Cet éveil a donné lieu à tout ce que je fais maintenant et

«Les entités m'ont dit d'accepter le fait que j'étais médium»

sionnée. Les entités me disaient qu'il était urgent que j'accepte que j'étais, moi aussi, médium. Mais en même temps, elles me laissaient le choix! Elles m'ont même donné une technique pour entrer en semi-transe, tout en me suggérant fortement de ne pas le faire seule. C'est étrange, mais je me sentais plus «normale» quand je suis sortie de cette rencontre.

à tous les livres que j'ai écrits, tant sur la canalisation des anges Xedah et de l'Archange Michaël (*Éditions le Dauphin Blanc*) que sur la guérison, dont le dernier qui fait appel aux images de transformation pour se guérir soi-même. ■

www.soame.com

Comment s'est déroulée votre première transe?

Avec une amie, j'ai suivi le protocole, et pouf! en une fraction de seconde, je me suis sentie sortir de mon corps. C'était très déstabilisant, mais je me suis laissé guider. Au bout d'une vingtaine de minutes, on m'a dit de revenir dans mon corps, et je me suis mise à pleurer sans arrêt tellement j'étais remplie d'amour!

5. Science et phénomènes inexpliqués

Pierre Morency

Quand science et spiritualité convergent

Le physicien Pierre Morency est certes un orateur exceptionnel, mais il est avant tout un chercheur. Infatigable globe-trotter, il poursuit sa quête de paradis sur Terre en parcourant le monde... et il le trouve.

Pierre Morency est le plus célèbre des physiciens québécois. En plus d'être un homme d'affaires prospère, il est un auteur très lu, avec plus de 60 000 copies vendues de son best-seller *Demandez et vous recevrez*, ouvrage où il expose les lois de la physique qui régissent la pensée positive et le succès. Et chaque fois qu'il y donne un de ses spectacles-conférences, il remplit le Théâtre Saint-Denis et le Capitol de Québec. Pour lui, nous sommes tous médiums à différents degrés, la réincarnation ne fait aucun doute et il est fort possible que des civilisations entières peuplent les entrailles de la Terre, dans une dimension que les connaissances scientifiques actuelles ne nous permettent pas de déceler. Bienvenue dans le monde complètement flyé de ce scientifique pourtant très terre à terre!

Pierre Morency, d'après le physicien que tu es, y a-t-il une vie après la mort?

La vraie question, c'est plutôt: «Y a-t-il une mort?» La réponse des gens qui savent de quoi ils parlent, c'est «non». Le mot «mort» fait très *looser*. Je crois à la transformation. Dans la nature, rien ne meurt, tout se transforme. Quand un chêne perd ses glands, par exemple, ceux-ci «meurent», puis deviennent des graines qui permettent à de nouveaux chênes de pousser. J'ai vécu suffisamment de phénomènes étranges au cours de mes nombreuses

expériences et recherches pour dire que la mort n'existe pas. Et puisque je suis prêt à essayer n'importe quoi, j'ai fait, au cours d'un de mes voyages en Inde, des expériences de transe qui m'ont prouvé que les réponses à nos questions se trouvent toutes à l'intérieur de nous-mêmes.

Donne-nous un exemple...
Dernièrement, je suis allé passer trois jours dans le bois pour

grand, que les atomes sont configurés comme le système solaire et que leur comportement ressemble à celui des planètes qui tournent autour du Soleil. Si on pousse la réflexion plus loin, on peut imaginer que les milliards de planètes dans les différentes galaxies forment un gros corps, et que les humains sont en fait des cellules microscopiques de ce corps. C'est le principe des poupées russes. Est-ce que la mort re-

«Les réponses à nos questions se trouvent à l'intérieur de nous»

pratiquer une technique de transe et poser des questions très concrètes concernant les affaires de ma compagnie. Je ne peux pas expliquer ce qui se passe quand j'entre en transe, parce que je ne sens plus mon corps et je ne me souviens de rien quand je reviens à mon état normal. Pourtant, quelqu'un, je ne sais pas qui, a répondu à mes questions! Donc, ce que je crois, c'est que nous pouvons connaître le paradis ici-bas. Nous pouvons attraper Dieu par les pieds et le tirer sur Terre pour qu'il réponde à toutes nos questions!

**Comment le scientifique
en toi voit-il le monde
dans lequel nous vivons?**
Il est de plus en plus facile de comprendre que l'infiniment petit ressemble à l'infiniment

présente simplement une transition d'un niveau à un autre? C'est une théorie qui semble de plus en plus plausible. Mais la physique a ses limites. Même Einstein a dit, à la fin de sa vie: «J'ai démontré la relativité, j'aimerais maintenant connaître les pensées de Dieu.» On est en train de démontrer des choses qui n'ont pas de sens du point de vue de la physique. On en arrive à constater que le temps n'existe pas, par exemple, ni l'espace, ni la matière. Ce sont les physiciens qui vont probablement prouver qu'il n'y a que Dieu qui existe!

**La physique permet-elle
d'expliquer le phénomène
des médiums et des contacts
avec d'autres dimensions?**
Pour moi, tout le monde est un peu médium. Que se passe-t-il

quand on a une inspiration, une bonne idée? Le cerveau, qui est un outil, la reçoit, mais il ne l'émet pas. Aujourd'hui, on reconnaît que tout est vibration, tout est champ magnétique. J'ai vécu des expériences si troublantes avec des médiums que j'essaie encore de les digérer. Ils m'ont dit des choses sur ma vie personnelle que personne au monde ne pouvait connaître. Il y a des gens qui ont développé cette aptitude plus

la réincarnation. La décision de créer un Dieu vengeur était politique, pas spirituelle.

Plusieurs auteurs de livres sur la spiritualité, dont Aurelia Louise Jones *(Telos, Éditions Ariane)*, **prétendent que des gens vivent dans une autre dimension à l'intérieur de la Terre. Que faut-il en penser?**
Je ne peux pas prouver scientifiquement l'existence de ces êtres plus évolués. Par contre,

«Je ne sens plus mon corps et je ne me souviens de rien»

que d'autres, mais le fait est que tout le monde capte des vibrations. Je n'aime pas employer le mot «entité» pour désigner ce que les médiums canalisent. Je préfère parler d'une autre gamme de fréquences: ça se compare un peu aux chiens qui entendent des sons imperceptibles pour l'oreille humaine. Aussi, nous pouvons tous atteindre un état de conscience qui nous permette de visiter nos vies antérieures, par exemple.

Donc, tu crois toi aussi à la réincarnation. T'es-tu déjà réincarné?
Tout le monde se réincarne. Il n'y a pas une seule religion qui dise le contraire, dans les écrits initiaux du moins. La religion catholique a transformé les messages pour acquérir du pouvoir, mais au début, on croyait à

le chercheur aventurier que je suis est convaincu que c'est vrai. J'ai assisté à assez de phénomènes – que je n'ai pas pu tester selon la méthode scientifique, mais qui sont authentiques – pour le croire. Bien sûr, plein d'autres choses que j'ai vues n'étaient que de la foutaise. Par exemple, j'ai déjà surpris un moine à faire semblant de léviter; en fait, on pouvait apercevoir, à l'intérieur de sa robe, les bâtons dont il se servait pour se soulever! Les gens qui tentent de démontrer qu'ils ont un pouvoir sont ceux dont on doit se méfier. ■

www.pierremorency.com

Dr Sergio Felipe de Oliveira
TROUVER LA GLANDE DE LA SPIRITUALITÉ

Éminent chercheur, le Dr Felipe de Oliveira a fait le pari d'expliquer le phénomène de la médiumnité à l'aide de concepts scientifiques, et il a de bonnes chances de gagner son pari...

Conférencier invité à l'UQÀM au début du mois de septembre, le Brésilien Sergio Felipe de Oliveira a réussi à trouver une place dans son agenda très chargé pour venir présenter aux Québécois les résultats de ses recherches sur la médiumnité. Neuropsychiatre reconnu, il est aussi membre de l'Association médico-spirite du Brésil, qui reçoit le soutien du collège des médecins de São Paulo. Au cours des dernières années, il a entrepris de prouver que le cerveau n'est en réalité qu'un ordinateur qui reçoit son information de l'esprit et que les médiums captent les messages des mondes spirituels par le biais de la glande pinéale (aussi appelée épiphyse), laquelle est située au centre du cerveau. Voici de larges extraits de la conférence qu'il donne partout dans le monde (à Londres, à Paris, à Lisbonne, à Genève, etc.).

Docteur, toutes vos recherches s'appuient sur la théorie des supercordes. Pouvez-vous nous expliquer de quoi il s'agit?
Pour comprendre les univers parallèles, nous partons de la théorie de la physique moderne, selon laquelle il existerait au moins 11 dimensions. Les êtres humains n'en perçoivent que trois. La quatrième et les autres existeraient sans qu'on puisse les voir ou les mesurer à l'aide des appareils dont on dispose actuellement. Pour nous faire une idée de la chose, prenons l'exemple de la feuille de papier

qui, déposée sur une table, a deux dimensions. Si on la courbe de façon à former un cylindre, elle présente alors trois dimensions. Même principe en ce qui concerne l'espace à trois dimensions. Puisque cet espace est courbe lui aussi, alors il se replie sur lui-même pour former la quatrième dimension. On appelle celle-ci l'espace-temps. Il en va de même pour chaque espace, jusqu'à la onzième dimension.

nue d'être consistante pour ses habitants. Ainsi, le plan spirituel ne serait pas constitué de figures virtuelles ou de fantômes éthérés, mais d'entités ayant une consistance physique solide, avec une grande expression de couleurs, de formes, de sons, composés d'autres modèles de matière encore inconnue de notre science contemporaine, mais qui est présumée par les études de la physique théorique ou de

«Il existerait 11 dimensions»

Si ces univers existent, pourquoi ne les voit-on pas?

Parce que ces autres dimensions vibrent à une vitesse infinie. Elles sont invisibles, comme les pales d'un ventilateur ou les hélices d'un avion lorsqu'elles tournent très vite. Nous avons donc autour de nous une mer invisible! À l'Institut de physique de l'Université de São Paulo, l'hypothèse de base d'une des recherches en cours est qu'une grande partie de la matière se trouve dans ce vide invisible.

Quels liens peut-on faire entre cela et la spiritualité?

Nous émettons l'hypothèse que ces univers parallèles sont des plans spirituels qui vibrent à une autre fréquence. Théoriquement, donc, dans les autres dimensions, la matière conti-

la physique mathématique.

Vous comparez le cerveau humain à un ordinateur. En quoi cela sert-il à votre théorie?

Selon le théorème de Godël, le cerveau est comme un ordinateur qui n'est pas autosuffisant. Si la conscience est située à l'extérieur de nous, le cerveau ne peut fonctionner seul. L'esprit, ou l'âme, en devient donc l'opérateur. Cette idée est révolutionnaire dans le domaine de la neuroscience. La science ne nous permet pas de savoir si l'esprit survit ou non après la mort physique de l'humain. Devant deux possibilités, nous avons décidé de partir de l'hypothèse selon laquelle l'âme survit. Elle garderait sa «personnalité» propre et irait habiter dans les univers parallèles. Puisque les scientifiques ne peuvent pas affirmer le contraire, l'avenir dira si je me trompe. Chose certaine, les travaux de recherche relatifs aux expériences de mort imminente (EMI) et aux phénomènes de transe profonde contiennent de nombreux témoignages concernant ces mondes parallèles.

Quel rôle la glande pinéale joue-t-elle dans tout cela?
Le philosophe français René

La glande pinéale fonctionnerait comme une petite caisse de résonance pour les ondes mentales. Notre hypothèse de travail est donc la suivante: la glande pinéale est l'organe sensoriel des médiums et, tel un téléphone cellulaire, elle capte les ondes des dimensions spirituelles.

N'est-il pas utopique de croire au mariage de la science et de la spiritualité?

«La glande pinéale est l'organe sensoriel des médiums»

Descartes disait que «la glande pinéale est le point où l'esprit se lie au cerveau». Nous sommes sur le point de trouver un fondement biophysique à cette affirmation. J'ai effectué un grand nombre de dissections de glandes pinéales sur des sujets morts depuis moins de six heures. J'ai pu constater que certaines glandes présentent, en plus ou moins grande quantité, ce qu'on appelle des cristaux d'apatite. Après avoir étudié comment l'épiphyse peut capter les ondes magnétiques qui nous entourent, on arrive à la conclusion que ces cristaux ne sont pas des structures mortes. Plus il y en a dans la glande pinéale, plus celle-ci est apte à capter ces champs magnétiques. C'est, à proprement parler, ce qui caractérise le phénomène de médiumnité.

En parlant de science et de spiritualité comme nous le faisons, nous n'essayons pas d'aligner deux univers distants, bien au contraire. En analysant la spiritualité selon les principes de la science, nous comprenons mieux le fonctionnement de notre organisme, de nos comportements et des rapports que nous entretenons les uns avec les autres. ■

Louis Bélanger

LE SCIENTIFIQUE DU PARANORMAL

Louis Bélanger est sans contredit le spécialiste des phénomènes paranormaux au Québec. Bien qu'il soit prudent et rigoureux, sa passion pour tout ce qui touche la parapsychologie continue de nourrir sa quête scientifique.

Professeur de psilogie (un terme qu'il a créé) à l'université, Louis Bélanger se passionne depuis plus de 30 ans pour la télépathie, la clairvoyance, la télékinésie, les maisons hantées, les apparitions, les voyages astraux et toutes les autres manifestations paranormales.

Monsieur Bélanger, pouvez-vous nous expliquer ce que veut dire «psilogie»?

C'est un terme que j'ai proposé pour parler des manifestations parapsychologiques. Para veut dire «à côté de» (la psychologie). Comme scientifique, je vois ces phénomènes de façon multidisciplinaire. Par exemple, un guérisseur fait de la parabiologie; dans le cas de la télékinésie (les objets qu'on fait bouger à distance), c'est de la paraphysique. Depuis 1942, les parapsychologues s'entendent pour appeler ça des «phénomènes psi». D'où le terme «psilogie». J'enseigne donc l'étude qu'on fait de ces phénomènes, et non leur pratique. Peu de gens savent qu'une soixantaine de chercheurs dans le monde étudient à temps plein tout ce qui a trait au paranormal et qu'ils sont reconnus par l'Association américaine pour l'avancement de la science. C'est donc dire qu'on reconnaît la recherche, mais pas encore le caractère scientifique des phénomènes.

Pourquoi est-ce encore si controversé?

Parce que ces phénomènes

semblent faire le lien entre le visible et l'invisible, l'origine de l'être humain, d'où l'on vient, où l'on va. Par exemple, il est reconnu scientifiquement qu'on peut avoir un impact sur les autres en polluant notre planète. Mais il est aussi possible d'influencer des gens à distance avec des moyens qui ne sont pas reconnus par la science. Prenez la télépathie. Deux jumelles identiques sont à 1 000 km de distance. L'une subit un acci-

est inconnue actuellement, permet à certaines personnes de déplacer des objets par la pensée.

Quel pourcentage de la population croit aux phénomènes paranormaux?

Dans les pays industrialisés, 55 % des gens y croient. Quand on leur demande pourquoi, ils répondent en avoir fait l'expérience, dans 85 % des cas. C'est très important comme

«On peut vérifier que la télépathie fonctionne...»

dent, et l'autre s'évanouit au même instant. C'est un cas confirmé. Ici, on a affaire à un événement irrégulier. Si on peut l'expliquer, ça reste une anomalie. Si on ne peut pas l'expliquer, ça devient du paranormal: ça intrigue, ça crée de la controverse.

Bref, si un phénomène n'est pas perceptible pour les sens, on est dans le paranormal?

C'est ce qu'on appelle la perception extrasensorielle. La clairvoyance, par exemple, consiste à aller chercher une information sans passer par ses sens ou par le relais d'une autre personne qui la détient. La précognition (ou la prémonition), quant à elle, relève le double défi de l'espace et du temps. Puis il y a la télékinésie qui, par une énergie qui nous

domaine de recherche. Même si on ne peut pas les expliquer, une personne sur deux dit les avoir expérimentés.

Justement, y a-t-il des preuves pour certains de ces phénomènes?

Nous détenons certaines preuves statistiques. On peut entre autres vérifier que la télépathie fonctionne, par d'innombrables tests spécifiques effectués en laboratoire. Mais on ne peut toujours pas étoffer une théorie infaillible. Donc, il n'y a pas de preuve scientifique comme telle. Par ailleurs, il est accepté scientifiquement que la vie extraterrestre existe. Mais les ovnis, des objets volants provenant d'une autre planète, ne sont toujours pas reconnus par la communauté scientifique.

Comment expliquer le phénomène des médiums?

En parapsychologie, on parle de personnes sensitives. Les expériences en laboratoire nous ont démontré que tout le monde peut vivre ce genre de phénomène. Ce qui arrive pour les sensitifs authentiques, c'est qu'ils peuvent mieux que d'autres (souvent après avoir vécu un événement dramatique) mettre leur ego en veilleuse et être perméables à la souffrance des autres. Pour certains, on peut même vérifier l'information qu'ils reçoivent, par exemple avec les détectives psi qui aident les policiers à trouver des enfants disparus ou des meurtriers.

Croyez-vous qu'il soit possible de communiquer avec l'au-delà?

Ça pose la question de la survie. La science ne reconnaît pas cette autre dimension. C'est une question de philosophie, ou de foi, qui ne relève pas de la science. Et c'est tant mieux: il existe un immense respect pour la liberté d'adhérer aux croyances que l'on veut.

Quelle expérience vous a le plus marqué dans vos recherches?

Il y a un cas troublant qui m'interpelle et que je soumets à mes étudiants: celui de Sumitra, publié il y a quelques années dans un journal scientifique très crédible. En Inde, cette jeune femme de 17 ans est tombée dans le coma, et on l'a crue morte. Pendant qu'on préparait ses funérailles, elle est revenue à elle et a demandé ce qu'elle faisait là, affirmant s'appeler Shiva. Cette autre femme, Shiva, avait été tuée quelques mois auparavant. Le

«C'est une question de foi, qui ne relève pas de la science»

cas a été étudié rigoureusement par des collègues que je connais pour cons-tater qu'elle s'exprimait tout à coup avec un langage beaucoup plus élaboré que la première jeune femme et que sa gestuelle était aussi modifiée. Ce qui m'interpelle, c'est qu'on reconnaît ici une forme de réincarnation que nous appelons un cas de «possession» puisqu'il s'agit de s'approprier un corps adulte. Voilà un rapprochement qui m'intéresse beaucoup entre les croyances de l'Orient et celles de l'Occident, et que la science ne peut pas encore expliquer. ■

www.psilogie.net

Danielle Fecteau
DÉCOUVRIR SON QUOTIENT TÉLÉPATHIQUE

Après avoir dépouillé 500 articles scientifiques, la D^re Fecteau a élaboré un nouveau concept: le QX, ou quotient extrasensoriel, qui mesure notre capacité de transmission télépathique. Encore fallait-il y penser...

Véritable boule d'énergie aujourd'hui, Danielle Fecteau a pourtant déjà frôlé la mort alors qu'elle était dans la trentaine. Après une longue convalescence, qu'elle a passée à dévorer des livres de psychologie et de spiritualité, elle est retournée à l'école pour achever un doctorat en psychologie et décrocher un prestigieux prix de vulgarisation scientifique. Depuis, elle s'amuse à rendre cette information accessible au grand public. Son dernier titre, *Télépathie, l'ultime communication* (Éditions de l'Homme), est un ouvrage étonnant qui apporte des preuves irréfutables des pouvoirs psychiques développés par plusieurs êtres humains.

Danielle Fecteau, pourquoi t'être intéressée à la télépathie?
Parce que depuis que je suis petite, ça fait partie de ma vie, et les phénomènes que j'ai vécus sont trop forts pour n'être qu'une suite de coïncidences. Par exemple, si je rêve que ma grande amie, à qui je n'ai pas parlé depuis longtemps, s'est disputée avec son conjoint, c'est sûr qu'elle va m'annoncer au matin qu'elle se sépare. Mais avant d'affirmer au public qu'il s'agit réellement de télépathie, je devais me documenter. C'est extraordinaire ce que j'ai trouvé dans la recherche scientifique, ça m'a vraiment fait plaisir.

La vie après la mort

Comment as-tu choisi les articles que tu résumes dans ton bouquin?

J'ai choisi ceux qui étaient écrits par les chercheurs les plus connus sur la planète. Ce qui m'a le plus impressionnée, c'est la «télé somatique». Au début des recherches, on parlait uniquement de transmission de pensées. Mais avec le temps, on s'est rendu compte qu'on pouvait aussi jumeaux identiques; mais là, on réalise que ça peut toucher tout le monde.

La télépathie expliquerait certains phénomènes paranormaux. Lesquels?

La NASA, la CIA et les grands centres universitaires européens ont fait nombre de recherches sur ce qu'on appelle la «vision à distance» *(remote viewing)*. Une de ces recher-

«La télépathie va devenir la plus grande preuve de la vie après la mort!»

transmettre des émotions, des humeurs et des symptômes physiques. Par exemple, on peut être assis tranquillement chez soi et vivre soudainement un sentiment de tristesse, être contrarié et voir son humeur changer. La recherche a démontré qu'à ce moment même, une personne qu'on aime est en train de vivre une grosse peine et qu'elle nous la transmet. Cette émotion intense est parfois même accompagnée de symptômes physiques. On a vu des gens ressentir des douleurs à la poitrine alors qu'à des milliers de kilomètres, un proche faisait une crise cardiaque. Certains vont jusqu'à avoir des marques d'œdème quand une personne qu'ils aiment a un accident! Le temps et l'espace ne comptent plus. On connaissait d'ailleurs l'existence de ce type de phénomènes chez les ches, conduite par la NASA, a duré 24 ans, et ses résultats ont été rendus publics en 2000. Pendant toutes ces années, on a entraîné des gens à retrouver des agents secrets par la vision à distance, même s'ils n'avaient pas, au départ du moins, un don connu de médium. Les plus doués arrivaient à suivre les traces des agents et même à dessiner une carte des lieux que ceux-ci avaient visités!

Que penser des médiums qui parlent avec les morts?

La télépathie va devenir la plus grande preuve de la vie après la mort! On a d'abord cru que, lorsqu'un médium arrivait à nommer les personnes décédées appartenant à l'entourage d'un sujet, c'est qu'il lisait dans les pensées de ce dernier. Mais quand les médiums se sont mis à fournir des renseignements sur les personnes décédées que même les proches de celles-ci ignoraient, les chercheurs se sont posé des questions. Les informations ont été vérifiées, et on s'est rendu compte que tout était vrai. Il ne pouvait pas s'agir de télépathie entre les sujets et le médium, puisque personne ne connaissait ces détails. La déduction logique, extrasensoriel ou QX. Il y a des gens qui ont des facultés extrasensorielles plus développées que d'autres, tout comme certaines personnes sont plus douées que d'autres en musique. Prenons l'empathie, par exemple: il y a des personnes qui sont naturellement empathiques, donc capables de partager la douleur d'autrui. D'ailleurs, empathie et télépathie pourraient avoir la

«On peut transmettre des émotions, des humeurs et des symptômes physiques»

c'est que le médium doit être en contact avec le mort!

même origine, ce qui prouve qu'on est tous connectés! ∎

Et les médiums détectives, est-ce qu'ils sont efficaces?
Dans plusieurs cas, oui. De simples objets ayant appartenu à des victimes ont permis de retracer un grand nombre de meurtriers. On remet même aux médiums des balles extraites du corps des victimes pour qu'ils trouvent l'auteur des meurtres. Aux États-Unis, il existe des regroupements de médiums enquêteurs, comme le Psi Squad.

Parle-nous de ton concept, le QX.
Je suis très fière de ça, parce que c'est bien beau le QI (quotient intellectuel) et même le QE (quotient émotionnel), mais moi, je crois qu'il existe aussi un quotient

Jules Gauthier, médecin-acupuncteur
La guérison par la respiration

Après avoir vécu des «états altérés de conscience», le Dʳ Jules Gauthier a changé sa façon de voir la guérison. Aujourd'hui, il traite ses patients sur deux plans: le corps et l'esprit. Une approche fascinante!

Un jour, alors qu'il était en formation aux États-Unis, le Dʳ Jules Gauthier a vécu un moment inespéré. Il a expérimenté ce que la science appelle un «état altéré de conscience» (une vie antérieure, dans un langage plus spirituel) qui lui a permis de comprendre qu'il avait en lui un pouvoir de guérison inouï et qu'il pouvait ainsi se libérer de douleurs chroniques inexpliquées. Dès lors, il s'est intéressé à de nouvelles approches scientifiques qui peuvent soigner les gens en faisant appel notamment à l'intelligence intuitive du cœur et à la méthode scientifique HeartMath. Des approches pour le mieux-être de l'individu.

Docteur Gauthier, racontez-nous l'expérience qui a changé votre vision de la médecine.

C'était pendant un séminaire à Boston sur la fasciathérapie *(technique de massages musculaires en profondeur)*. Je prenais tout bonnement ma douche, un matin, lorsque bang! J'ai vu quelque chose qui ressemblait à une photo du passé. Pourtant, j'étais complètement à jeun, très reposé en plus, vu le travail corporel qu'on faisait depuis trois jours. Bref, j'étais heureux, et rien de psychologique ne pouvait expliquer cet événement. Il s'agit d'une expérience en dehors de ce temps-ci, mais dans un temps très évocateur pour moi: j'ai pu revivre, avec les symptômes physiques, une

mort que j'avais déjà vécue. Évidemment, sur le coup, j'étais très sceptique et je me demandais comment tout ça pouvait être en train de se passer…

Et que se passait-il?
J'ai d'abord ressenti une douleur dans le flanc gauche, puis j'ai carrément vu le film de cette mort se dérouler devant mes yeux. C'était aux temps des Romains. J'étais sur une terrasse surplombant d'autres terrasses

les hors de ce temps-ci. J'ai aussi compris pourquoi, en acupuncture, quand on pique les patients sur les points des fascias, ils revivent souvent des mémoires d'un autre temps qui les soulagent de façon permanente.

Comment cette expérience vous a-t-elle mené à votre pratique actuelle de l'intelligence du cœur?
Je médite depuis des années et j'ai remarqué que je pouvais de

«En apprenant à respirer, on arrive à contrôler ses états de conscience»

face à la mer et je me voyais en train de prendre un bain de vapeur. Tout à coup, un homme, qui semblait être un ami, est arrivé à mes côtés et, sans crier gare, m'a poignardé au niveau de la rate. Tranquillement, je me suis vu mourir, mais en même temps, je ne ressentais plus de douleur. En fait, j'ai constaté que «revivre» cette mort violente m'avait soulagé pour toujours de ce mal à l'abdomen que je ressentais depuis plusieurs années!

Comment expliquez-vous cet événement?
À travers différentes recherches, j'en suis arrivé à la conclusion qu'il s'agissait d'une vie antérieure. Mais ce qui m'a vraiment intéressé dans cet événement, c'est le fait qu'il puisse exister des mémoires corporel-

cette façon atteindre le même état de détente que celui que j'ai vécu à Boston. Quand on médite, on passe des ondes cérébrales bêta – celles qui nous permettent de vaquer à nos occupations quotidiennes – aux ondes alpha et thêta – celles qui permettent de voir les images de nos mémoires corporelles. De fil en aiguille, toutes ces recherches m'ont mené vers le *biofeedback*, une technique qui mesure entre autres les tensions musculaires, les ondes cérébrales et, le plus important pour ma pratique, la différence de rythme cardiaque à l'inspiration et à l'expiration. Plus l'écart entre ces deux mouvements est grand, plus on réussit à atteindre un état de conscience propice à la détente et aux ondes alpha et thêta. La respiration est la clé de tout.

Cette technique a été étudiée à fond par des chercheurs américains et canadiens, dont ceux de l'institut HeartMath.

Comment fonctionne cette technique?

La respiration agit à titre d'oscillateur biologique; elle remet les pendules à l'heure pour beaucoup de fonctions vitales. En respirant à un rythme défini, qui peut varier d'un individu à l'autre, on favorise

de grande concentration (bêta) à un état de grande ouverture intuitive (alpha et thêta).

Quels sont les fondements scientifiques d'une telle démarche?

Des chercheurs ont prouvé que le cœur est beaucoup plus qu'une simple pompe. En fait, il y a plus d'informations qui partent du cœur pour se rendre au cerveau que l'inverse. Leurs recherches ainsi que le livre

«On redonne au patient son pouvoir d'autoguérison...»

l'apparition de l'état d'esprit tant recherché alpha et thêta. Tout passe par le cœur, ou plutôt par la différence entre les battements cardiaques à l'inspiration (plus rapides) et ceux à l'expiration (moins rapides). On peut ainsi traiter les gens qui souffrent de stress, d'anxiété, d'épuisement, de migraines, de troubles d'attention chez les enfants, etc. En fait, on redonne au patient son pouvoir d'autoguérison en lui enseignant à contrôler sa respiration.

Peut-on se servir de cette technique au quotidien?

Certainement. On peut s'en servir pour mieux performer, par exemple, à un examen, en sport ou au travail. En apprenant à respirer, on arrive à contrôler consciemment ses états de conscience et à passer d'un état

L'intelligence intuitive du cœur, la solution HeartMath (Drs Childre et Howard Martin, Éditions Ariane) montrent que lorsqu'on est ouvert d'esprit – quand on atteint consciemment l'état alpha et thêta –, on prend de meilleures décisions et on est plus performant. On peut même fortifier son système immunitaire et ralentir le processus de vieillissement. ■
www.ipaqc.com

Mireille Thibault

Faire de la chasse aux fantômes son métier

Experte en maisons hantées et autres phénomènes paranormaux, Mireille Thibault est aussi adepte du doute cartésien et n'hésite pas à débusquer les charlatans tout autant que les fantômes!

Alors qu'elle terminait un bac en psycho à l'Université Laval, Mireille Thibault a décidé, avec des copines, de mener une recherche dirigée par un de ses profs sur un cas de «maison hantée». Depuis, elle n'a jamais cessé de chercher. Chacune de ses enquêtes fait état de manifestations paranormales qui parfois peuvent être élucidées par de simples causes physiques, mais qui, en d'autres situations, demeurent inexplicables. Mireille Thibault ne veut pas des réponses à tout prix: elle préfère poser les bonnes questions et laisser les gens en déduire ce qu'ils veulent. Dans son dernier livre, *Histoires de hantises* (Éditions Louise Courteau), elle remet notamment en cause le travail des médiums, qu'elle a pourtant sollicités abondamment par le passé.

Madame Thibault, selon vos recherches, est-ce que les maisons hantées existent vraiment?

Oui, mais il faut faire bien attention à l'interprétation qu'on donne aux manifestations inexpliquées. En 20 ans, je peux dire que j'ai vu pas mal tout ce qui existe dans ce genre de phénomènes paranormaux, c'est-à-dire que la science n'explique pas encore. D'abord, une maison hantée ne correspond pas à l'image du vieux manoir lugubre qu'on s'en fait. Ça peut être un appartement, une maison récente, le bungalow de votre voisin; bref, on peut en trouver

n'importe où. Ce qu'on y constate comme phénomènes varie d'un endroit à l'autre. On peut y entendre des pas ou encore des bruits dans les murs (même s'il n'y a pas de tuyau), sentir des courants d'air, des odeurs de fleurs, avoir des apparitions ou se sentir observé par ce que certains vont appeler spontanément des fantômes.

Est-ce que ces manifestations persistent si les propriétaires de la maison changent?
C'est difficile d'être catégorique là-dessus. Moi, chaque fois que j'ai posé la question aux proprié-

cause des phénomènes. Après plusieurs années et une quarantaine d'enquêtes, j'ai réalisé que je ne pouvais jamais retracer les preuves des drames (meurtres, suicides, incendies, etc.) dont les médiums me parlaient. Si tout ce qu'ils me disaient s'était avéré, j'aurais retrouvé au moins quelques textes dans les archives des journaux. Aujourd'hui, je consulte des médiums par curiosité, mais je ne me fie plus à leurs affirmations.

Est-ce que, pour vous, tous les médiums sont devenus des charlatans?

«Je ne me fie plus aux médiums»

taires précédents, ils n'avaient jamais eu vent de phénomènes étranges. Mais il existe des endroits où les gens déménagent aux six mois. On peut alors présumer qu'ils ressentaient eux aussi des choses bizarres sans pouvoir les comprendre.

Votre technique d'enquête fait souvent appel à des médiums. Pourquoi remettez-vous soudainement leur travail en question?
Longtemps, j'ai cru aux médiums dur comme fer. Je les faisais venir dans les maisons où j'enquêtais et je partais de l'histoire qu'ils me racontaient pour me bâtir une hypothèse sur la

Non. Je ne remets pas en question l'authenticité de plusieurs d'entre eux, mais je ne peux pas me fier non plus à l'information qu'ils me divulguent. Cela dit, il en existe sans doute des bons.

Si vous ne trouvez pas d'explication physique aux phénomènes étranges, quelle conclusion en tirez-vous?
Quand j'ai vérifié toutes les causes possibles et que je ne trouve aucune explication, je les classe dans les phénomènes inexpliqués. Je ne dis pas que les fantômes n'existent pas, leur existence demeure possible, mais puisque je n'ai aucune preuve scientifique qui me fait

croire qu'un grand-père ou une entité quelconque veut entrer en contact avec les habitants de la maison, je ne tire aucune conclusion sur la cause de ces manifestations. Et souvent, les phénomènes finissent par s'arrêter tout seuls. Les bonnes vieilles maisons hantées qui le demeurent pendant des années sont très rares, mais elles sont aussi les plus intéressantes à investiguer!

Selon vous, quelles recherches devraient être faites par les scientifiques?
Un parapsychologue a déjà dit:

Sur quoi porte votre présente enquête?

Je cherche des pistes pour expliquer un nouveau cas d'hommes en noir, sujet que j'aborde également dans mon dernier ouvrage. On ne parle pas ici des *men in black* reliés aux ovnis, mais bien de ce curieux phénomène d'hommes vêtus de noir qui hantent certaines personnes, surtout des jeunes femmes. Ces hommes ne parlent pas, ils ne font qu'observer leurs «victimes». À ce jour, il n'y a pas d'explication plausible. On sait seulement que d'un cas à l'autre, même si les descriptions com-

«Je cherche des pistes pour expliquer un nouveau cas d'homme en noir»

«Les phénomènes paranormaux ne défient pas la nature. Ils défient ce que l'on croit savoir sur les lois de la nature.» C'est pour cette raison qu'il faut continuer de chercher... Par exemple, dans les cas de lévitation, on doit se demander si la loi de la gravité peut être contournée. Et le même raisonnement peut s'appliquer aux maisons hantées. Pour expliquer le fait qu'on peut entendre des voix semblant provenir d'une autre époque, est-ce qu'on pourrait avancer que le temps peut être défié? Peut-être que les physiciens vont finir un jour par nous expliquer tous ces phénomènes.

portent des similitudes, on ne semble jamais avoir affaire au même individu. ∎

mirtibo@globetrotter.net

Jean-Pierre Normandeau, ingénieur
REMPLACER LE PÉTROLE PAR L'ÉNERGIE DE L'ÉTHER!

L'ingénieur Jean-Pierre Normandeau affirme, recherches fondamentales à l'appui, que l'on peut capter l'énergie du vide, au sens physique. D'un autre côté, il affirme avoir été guidé dans cette voie par l'esprit du comte Saint-Germain, star des médiums. Alors, rêveur ou visionnaire, M. Normandeau?

Ingénieur de l'industrie à la retraite et ex-enseignant à l'École Polytechnique, Jean-Pierre Normandeau n'a jamais eu peur ni du vide, ni de l'invisible. Marié à une médium, il cherche toujours à mieux connaître le monde de l'éther, autant sur le plan spirituel que scientifique. Depuis trois ans, lui et deux autres ingénieurs rattachés à l'organisme humanitaire Lumière sur la Planète travaillent sans relâche à prouver au monde entier qu'il est possible de capter l'énergie des champs magnétiques encombrant le vide qui nous entoure pour activer des moteurs d'automobiles, éclairer et chauffer nos maisons. Bref, de faire rouler une économie non polluante, et ce, presque gratuitement.

Difficile à croire? Peut-être, mais ils ne sont pas les premiers à l'affirmer, bien au contraire. De nombreux chercheurs se sont déjà aventurés sur ce terrain glissant qui «déplaît beaucoup aux industries actuelles exploitant les matières fossiles comme le charbon et le pétrole». Et pour prouver son sérieux, Lumière sur la Planète a mis sur le marché un DVD très technique qui montre où en est la recherche scientifique dans ce domaine.

Jean-Pierre Normandeau, parlez-nous de vous. Comment vous êtes-vous intéressé à ce projet d'énergie libre?
En fait, je suis passionné par les ondes et l'énergie du vide

La vie après la mort

depuis ma tendre enfance. Quand j'étais jeune, à l'âge de 11 ou de 12 ans, je fabriquais pour tous mes amis des petites radios sans piles qui fonctionnaient seulement à partir de cristal de pyrite. On pouvait ainsi capter quelques postes, et déjà, à cet âge, j'avais remarqué que le fait d'être plusieurs enfants, un à côté de l'autre à écouter simultanément nos transistors, en augmentait le son, donc la résonance. C'est

soit mise de l'avant. L'information était très précise. Elle révélait que quelqu'un dans l'assistance connaissait une personne capable de travailler sur ce projet. Quelques jours plus tard, je recevais la visite de cette amie qui me racontait qu'on avait parlé de moi à la soirée de canalisation de Saint-Germain!

Comment avez-vous réagi?
J'ai demandé à voir ce médium, et malgré son horaire très char-

«Le comte de Saint-Germain m'a dit: "Nous vous attendions"»

le même principe qui s'applique à l'énergie libre. Il existe une source d'énergie infinie dans le vide, qu'on pourrait utiliser en développant la technologie appropriée.

**Pourquoi vous être joint
à Lumière sur la Planète?**
Je travaillais sur un projet de fusion froide avec un autre ingénieur de Polytechnique. On menait des expériences très intéressantes, mais dont les résultats étaient plutôt instables. Ces expériences, par contre, étaient connues de certaines personnes autour de moi, dont une qui assistait un soir à Montréal à une canalisation publique de l'énergie du comte de Saint-Germain par un médium très connu. À cette soirée, on a dit à travers le médium qu'il était temps que l'énergie libre

gé il m'a accueilli la semaine suivante. En arrivant, le comte de Saint-Germain m'a dit: «Justement, nous vous attendions». En transe profonde et à travers le *channel*, l'entité m'a informé qu'un groupe nommé Lumière sur la Planète venait de se former, et que je pouvais leur rendre service. J'ai compris que c'était en quelque sorte une mission de vie et que je ne pouvais pas refuser!

**Parlez-nous de l'énergie libre.
Depuis quand fait-on de la
recherche sur ce sujet?**
Nous savons qu'à la fin du XIXe siècle, le scientifique américain d'origine croate Nikola Tesla avait développé des transformateurs et des émetteurs amplificateurs à partir de l'énergie libre. Il puisait donc l'énergie nécessaire au fonctionnement

de ses machines dans ce qu'on appelle «l'éther». Faire rouler une voiture à très grande vitesse grâce à l'énergie «libre», c'est possible. Tesla l'a démontré. Aujourd'hui, ce phénomène cadre parfaitement avec les nouvelles théories de la physique quantique. On n'a pas besoin d'être un grand scientifique pour comprendre que le vide est rempli d'ondes, dont certaines font fonctionner les cellulaires, les radios et les télés

ressources personnelles. En plus, l'énergie libre apparaît comme une menace pour notre système économique actuel qui n'est pas prêt à absorber une telle transformation.

Quel est le but de Lumière sur la Planète?

Nous voulons informer le public et promouvoir l'utilisation de l'énergie libre pour combler nos besoins énergétiques tout en supportant la recherche

«L'énergie libre est une menace pour notre système économique»

par satellites, etc. Partant de cette simple constatation et en sachant que ces ondes ne sont qu'une infime partie de toutes les fréquences qui voyagent dans l'air, on peut comprendre qu'il existe là une source inépuisable d'énergie.

Qu'est-ce qui nous empêche actuellement d'utiliser l'énergie libre?

Il manque l'intérêt des dirigeants. Nous croyons que la majorité des groupes qui contrôlent les capitaux et influencent les gouvernements n'ont pas avantage à ce qu'une telle énergie soit disponible gratuitement. Les centres de recherche qui travaillent sur l'énergie libre ne bénéficient pas du financement nécessaire. Les chercheurs sont marginalisés et doivent se fier à leurs propres

dans ce domaine. Il est aussi très important pour nous d'éviter les monopoles, mais il faut en même temps convaincre l'industrie de construire des applications concrètes qui utilisent l'énergie libre. ■

www.lumieresurlaplanete.org

6. Cas dits de «possession»

Anick Lapratte
«UNE AUTRE ÂME HABITAIT MA FILLE»

Depuis la naissance de sa fille, Anick Lapratte a mené un combat qu'elle n'aurait jamais cru possible, afin de libérer son enfant, «habitée par des entités négatives». Elle raconte aujourd'hui son histoire pour que soient démystifiés les cas de «possession». *Vade retro...*

Jusqu'à la naissance de sa fille, en 1996, l'enseignante Anick Lapratte vivait le parfait bonheur avec son conjoint et leur fils de deux ans. Après un accouchement difficile, la jeune maman n'avait qu'une envie: se retrouver seule avec sa fille pour la cajoler et la consoler de cette arrivée brutale sur Terre. Mais dès que la petite a ouvert les yeux, Anick a eu peur. Le récit des trois années d'enfer qui ont suivi, relatées dans le livre *Une autre âme dans ma fille* (Éditions Le Dauphin Blanc), finit tout de même bien, grâce à l'amour inconditionnel d'une mère et à sa grande ouverture d'esprit. Un récit touchant.

Anick, qu'as-tu vu dans les yeux de ta fille le jour de sa naissance?

Le soir, après que tout le monde ait été parti, j'ai demandé à voir mon enfant. Je la tenais doucement dans mes bras quand elle a commencé à se tortiller. L'énergie a changé dans la chambre, je me suis mise à avoir peur. Puis, elle a ouvert les yeux. Son regard était froid et vide. Rien à voir avec celui d'un poupon normal. Il transperçait mon âme. J'étais si affolée que j'ai sonné pour que l'infirmière vienne la chercher. J'ai réveillé mon chum, qui a tout mis sur le compte des hormones. Et la vie a suivi son cours...

Quand as-tu commencé à t'inquiéter pour ta fille?

Lorsqu'elle était bébé, ma petite pleurait sans arrêt, 16 heures par jour. On nous a dit qu'elle faisait des coliques, puis on a pensé que c'était peut-être ses dents et ensuite, qu'elle souffrait d'otites à répétition… Quand elle a atteint l'âge de deux ans, j'ai compris qu'elle avait des problèmes d'hyperactivité, car je suis enseignante et je connais bien la petite enfance. Elle souffrait aussi de troubles de comportement graves. Parfois, elle se mettait à bouger sans arrêt, sa voix devenait aiguë et puis hop! on la perdait, elle changeait complètement de personnalité. Puis, pendant un moment, elle restait calme et regardait partout autour d'elle, comme si elle ne reconnaissait plus la maison. Mais si on s'approchait d'elle, elle devenait incroyablement violente.

Quand as-tu décidé de consulter?

Après qu'elle ait fait une crise terrible à son père… Mon chum faisait tout bonnement un casse-tête avec elle quand, tout à coup, elle s'est mise en boule et, sans crier gare, elle lui a donné un gros coup de poing. Quelques jours plus tard, elle a aussi eu un accès de violence devant le médecin de famille qu'on consultait, ce qui a accéléré le processus. Sur le coup, le médecin nous a dit que notre fille souffrait d'un trouble de personnalité multiple et nous a recommandé de consulter un psychiatre. Mais l'attente était interminable.

As-tu essayé autre chose entre temps?

J'ai fini par consulter une ostéopathe, qui nous a beaucoup aidés. La première personnalité de notre fille était de plus en plus présente en elle, mais les crises persistaient. Un jour, la petite nous a causé toute une frousse en se mettant à courir après son grand frère pour lui faire mal. À voir son regard, j'ai su que ce serait terrible. J'ai dû l'isoler pour qu'elle se calme. De l'extérieur de la chambre, on entendait des cris et des bang inquiétants. Quand les choses se sont calmées, je suis entrée dans la chambre et j'ai constaté qu'elle faisait tout ce bruit en se lançant elle-même contre les murs! Ma fille était assise et s'amusait à dessiner sur le mur avec le sang qui coulait de son nez. Elle m'a regardée avec ce même regard vide et s'est mise à rire de façon démoniaque. C'en était trop pour moi. J'ai vomi.

«J'ai senti la puissance de ces forces négatives me traverser»

Et elle n'avait toujours pas été traitée en psychiatrie?

Non. Elle avait seulement été évaluée. L'ostéopathe m'a alors demandé si j'étais ouverte à d'autres approches. C'est à ce moment que j'ai rencontré Michael, un professionnel de la santé qui a aussi des compétences dans le domaine des phénomènes paranormaux. Il m'a dit que ma fille était «possédée par deux autres âmes qui se collaient à elle et qu'elle avait besoin d'être purifiée».

pouvais plus respirer. Pendant quelques secondes, j'ai ressenti la puissance de ces forces me traverser le corps avant que Michael leur ordonne à nouveau de partir. Puis, il m'a simplement dit: «Anick, je te présente ta fille, habitée par son âme.» Elle était paisiblement endormie sur la table, les cheveux tout mouillés, mais si calme… C'était vraiment beau à voir. Puis, elle a dormi pendant les 48 heures qui ont suivi!

«Son regard était froid et vide, il n'avait rien à voir avec celui d'un poupon»

Tu as accepté qu'il intervienne. Comment cela s'est-il passé?

Ç'a été très dur. Michael savait pourtant comment interagir avec ma fille, mais quand il a voulu commencer le rituel, elle s'est agitée. Elle tournait sans arrêt autour de la table de traitement. Puis, elle a ouvert les fenêtres, comme si elle voulait s'enfuir. Michael a récité des prières de lumière et a ordonné aux entités de quitter le corps de ma fille. Crispée et tendue, ma puce se faisait violence. J'étais complètement incrédule; c'était comme si j'assistais à ce qui se passe dans les films d'exorcismes! J'avais l'impression que l'enfer se déchaînait autour de moi. À un certain moment, je me suis sentie frappée de plein fouet: je ne

Aujourd'hui, ma puce a neuf ans et elle n'a jamais refait une seule crise. Et ça va très, très bien en classe, en plus!

Quel message veux-tu qu'on retienne de ton livre?

Qu'il y a de l'espoir pour ceux qui vivent un cauchemar semblable au mien. Si je n'avais pas fait confiance à cette approche holistique, ma fille ne serait qu'un autre «cas psychiatrique» inexplicable. ∎

www.anicklapratte.com

Marie-France Dupuis et Louise Fagnan
Du Ouija
à l'exorcisme

À l'âge de 12 ans, Marie-France Dupuis et Louise Fagnan ont vécu une expérience des plus troublantes en jouant bien innocemment avec une planche de Ouija. Une expérience qui, 30 ans plus tard, les a menées jusqu'à l'exorcisme…

Louise et Marie-France sont des amies d'enfance. À une époque où toutes leurs petites copines jouaient à la poupée, elles se questionnaient plutôt sur la vie après la mort, les extraterrestres, le cosmos et tout le bataclan. Un soir que leurs parents étaient sortis, elles ont décidé de sortir la petite planche à invoquer les esprits et de jouer au Ouija chez Marie-France. C'est là que leur cauchemar a commencé…

Marie-France, peux-tu nous expliquer ce qui s'est passé ce soir de 1975?
C'était l'été, à Sorel, notre ville natale. On avait allumé des chandelles pour se mettre dans l'ambiance et on s'est mises à jouer sans se méfier de ce qui pouvait se produire. On posait des questions au jeu, et il répondait sans qu'on touche la planche. Rapidement, Louise est devenue une autre personne. Sa voix, ses traits même, changeaient de forme. Moi aussi, je me sentais transformée. Louise est tout à coup devenue très agressive. Elle s'est brusquement emportée et a cassé le collier de cuir qu'elle portait autour de son cou. Puis, elle a pris une guitare, l'a lancée vers moi et m'a sauté dessus pour m'étrangler. J'étais complètement sous son emprise, incapable de me défendre. Je me souviens qu'au même moment, un orage a éclaté et que j'ai pensé mourir!

La vie après la mort

Louise, quel souvenir gardes-tu de cette soirée?

Mes souvenirs sont plus flous. Tout ce dont je me souviens, c'est d'avoir senti une force en moi qui me donnait suffisamment de puissance pour casser mon collier de cuir, lancer la guitare en direction de Marie-France et finalement me jeter sur elle pour l'étouffer de mes propres mains.

Qu'est-ce qui t'a arrêtée?

À ce moment précis, la sœur de Marie-France est entrée dans la pièce en criant et en nous demandant ce qui se passait. Elle nous a ramenées à la réalité d'un seul coup. On pleurait tellement, c'était vraiment la panique. On a fini par casser le jeu pour ne plus jamais revivre une telle mésaventure. Puis, on n'y a plus repensé pendant des années.

Marie-France, comment as-tu pu, par la suite, rester amie avec Louise?

En fait, on s'est perdues de vue dans les années qui ont suivi. Notre relation avait changé, Louise étant de plus en plus agressive avec moi. On a arrêté de se côtoyer et on ne s'est pas revues pendant 29 ans. À l'âge adulte, on a toutes les deux déménagé à Montréal, où on a vécu des expériences difficiles, chacune à sa façon. Au fil des ans, par exemple, j'ai souvent ressenti une présence qui m'épiait. Parfois, je distinguais nettement une silhouette noire dont seuls les yeux luisaient. Un soir, dans mon lit, j'ai senti la couverture remonter d'elle-même sur mes épaules et j'ai entendu

«J'ai souvent ressenti une présence qui m'épiait»

clairement mon nom. Mais il n'y avait personne avec moi!

Comment ces années se sont-elles passées pour toi, Louise?

Moi, j'ai vécu des années de dépression, de crises d'angoisse et de rage. Je me demandais souvent qui était cette fille qui vivait à l'intérieur de moi. Mon caractère, ma personnalité, tout avait changé. J'ai consulté beaucoup de professionnels, en vain. C'était comme si je n'étais pas seule dans mon cerveau. Je peux dire que ç'a été une vie gâchée, jusqu'au jour où j'ai retrouvé Marie-France.

Marie-France, quand vous êtes-vous revues?

On est toutes les deux revenues à Sorel pour des raisons de santé. Je suis même retournée vivre chez mes parents. À l'été 2004, on s'est croisées dans un magasin d'aliments naturels. Un an auparavant, j'avais consulté une médium qui m'avait «exorcisée» de plusieurs entités, dont une en particulier qu'elle percevait comme une grande ligne qui me traversait le corps. Je ne faisais toujours pas le lien avec le jeu de Ouija. Quand j'ai retrouvé Louise, je lui ai raconté mon expérience. Notre relation est vite retombée dans le

temps. Marie-France a, entre autres, dû m'asperger d'eau bénite et me lancer du sel pour éloigner l'entité. Au bout de 11 longues heures, je l'ai enfin sentie me quitter.

As-tu aussi dû consulter un prêtre?

Oui, quatre mois plus tard, alors

«On était hantées par la même entité négative»

même schéma que lorsqu'on avait 12 ans. Un jour, j'ai demandé à la médium de vérifier si Louise n'était pas, elle aussi, aux prises avec des entités. Au mois de janvier dernier, on a réalisé que toutes ces mauvaises expériences prenaient racine dans cette fameuse soirée de Ouija et qu'on était hantées par la même présence négative.

Louise, comment as-tu réussi à te défaire de cette entité?

Ça s'est passé le 21 janvier 2005, un jour dont je me souviendrai toute ma vie. La médium nous avait demandé de nous retrouver chez Marie-France, pendant qu'elle, à distance, travaillait à l'exorcisme. On était donc dans la même maison, près de la pièce où on avait joué au Ouija 30 ans plus tôt. Ça a duré toute la nuit; je me souviens d'avoir perdu le contrôle de mon corps, d'avoir été incapable de parler et de bouger pendant un certain

que je ne me sentais toujours pas bien, on a décidé d'aller rencontrer un prêtre de Granby qui fait ce genre de trucs depuis toujours. Pendant une heure, il nous a fait réciter des prières, chacune notre tour. Il a confirmé qu'aucune entité ne pouvait plus nous atteindre. Il a fini le travail de la médium, en quelque sorte.

Comment vous sentez-vous toutes les deux aujourd'hui?

Complètement libérées, prêtes à reprendre enfin le contrôle de nos vies! ▪

Jésanne Desfées

QUAND LES FORCES DU MAL SE DÉCHAÎNENT

Après avoir été «attaquée physiquement par des entités négatives et avoir vu son amie être exorcisée sous ses yeux», Jésanne Desfées (pseudonyme d'auteure) est sortie de l'ombre pour redevenir une femme lumineuse.

Jésanne Desfées, 43 ans, a vécu à elle seule tant de phénomènes paranormaux que personne ne la croirait s'il n'y avait pas plusieurs témoins pour corroborer les faits. Huit ans après le suicide de son frère Régis, elle a été «guidée» vers un appartement où s'étaient déroulées des messes noires quelques années auparavant et s'y est installée. Jésanne n'en savait rien. Elle n'avait même jamais entendu parler de ce genre de pratique satanique. Mais les phénomènes étranges se sont vite multipliés. Dans une série de trois articles sur ce phénomène de «possession», voici d'abord le résumé d'une véritable descente aux enfers, que Jésanne raconte en détail dans son récit intime intitulé *Histoire vraie*. (Direct Livre)

Jésanne, quel est le lien entre le suicide de ton frère et les phénomènes paranormaux que tu as vécus?
Au milieu des années 1980, mon grand frère s'est suicidé après avoir été hospitalisé parce qu'il disait vouloir tuer nos parents. Je crois aujourd'hui que Régis s'est enlevé la vie pour les protéger. Huit ans plus tard, je me suis retrouvée sans le savoir dans un appartement hanté par des entités négatives. J'ai été littéralement guidée à louer ce logement, malgré le fait que ça ne convenait pas du tout à mes besoins de mère d'un bébé d'un an. Et les phénomènes inexplicables ont commencé. Par exemple, je voyais constamment le nombre 666. J'ai compris plus tard

que le 6 est associé aux forces du Mal. Une nuit, je me suis réveillée habitée d'une colère immense et je me suis sentie «poussée» à me rendre dans la chambre de mon fils pour le tuer parce qu'il avait renversé son bol de spaghetti au souper! Je me suis dirigée comme une automate vers son lit de bébé… Je crois vraiment que j'étais «protégée», car j'ai réussi à sortir de ce cauchemar pour réaliser que mes mains encerclaient

à mon frère à qui il voulait parler. Quelques secondes après, les revues et les cassettes vidéo empilées sur mon téléviseur se sont mises à tomber lentement par terre. Dessous, il y avait une vieille photo de nos parents. Il voulait voir notre mère!

Est-ce que ta mère t'a crue?
Imagine. Elle s'est présentée chez moi à 18 h sans même que je l'appelle, alors qu'une autre médium venait à l'appartement

«Je voyais constamment le nombre 666»

son petit cou, prêtes à commettre l'irréparable. J'ai été tellement horrifiée par ce qui venait de se produire, je ne pouvais que prier Dieu pour qu'il protège mon enfant.

Qu'as-tu fait après cet épisode dramatique?
Après avoir subi plusieurs attaques physiques, décrites dans mon livre (par exemple, une chaise sans occupant s'est carrément «jetée» sur moi), une bonne amie m'a référée à une médium qui m'a reçue chez elle en urgence. Cette femme m'a informée que quelqu'un, un homme, était «en dedans de moi». Il voulait m'avertir qu'il n'était pas seul, qu'il était entouré de mal. C'était mon frère Régis! De retour chez moi, j'ai fait ce que me conseillait cette femme, j'ai demandé

une heure plus tard pour aider mon frère à trouver sa lumière! En même temps que ma mère me parlait, je pouvais entendre la voix de mon frère me crier de lui dire qu'il était là, juste à côté d'elle. À mon grand soulagement, maman m'a tout de suite crue. Lorsque la médium est arrivée, on a pu comprendre entre autres que mon frère avait choisi le Mal, qu'il voulait maintenant choisir le Bien et qu'il demandait pardon.

Mais les manifestations négatives ne se sont pas arrêtées là…
Non. Dans la même période, j'ai renoué avec une amie d'enfance, appelons-la Vanessa, qui s'est retrouvée au cœur de cette saga. Un soir, alors qu'elle était chez moi avec son amoureux, nous l'avons enten-

due crier dans la salle de bains. Nous avons bien essayé d'aller voir ce qui se passait, mais la porte semblait être retenue par une force incroyable. Pendant que le chum de Vanessa cherchait une masse pour défoncer, la porte s'est ouverte et refermée derrière moi. J'ai vu ma copine assise au fond de la salle de bains, terrifiée. Puis, elle a perdu connaissance. Tout à coup, son corps s'est levé et sa tête a été comme projetée vers l'arrière.

succès. C'est finalement la médium qui est venue l'exorciser, en récitant des prières et en l'entourant de sel. Quand Vanessa est finalement revenue à elle, elle ne se souvenait de rien!

Pourquoi avoir voulu raconter cette histoire dans un livre?

Parce que j'ai compris que mon frère avait dû assister à ces messes noires qui s'étaient déroulées dans le logement où j'habitais. Lui aussi était pos-

«Ses yeux étaient blancs, et elle parlait avec une voix d'homme»

Je me souviens que ses yeux étaient blancs et qu'elle parlait avec une voix d'homme. Elle s'avançait vers moi en poussant des rires démoniaques, m'affirmant que je ne sortirais pas de là!

Comment t'en es-tu sortie?

Je ne sais pas comment, mais la porte s'est ouverte au même moment. Dans l'appartement, ma copine se cognait partout sur les meubles, comme un pantin mal dirigé. On a appelé le 911. Pendant plus d'une heure, deux policiers, un ambulancier et le chum de Vanessa ont tenté de la maîtriser, en vain. L'autre ambulancière qui était aussi sur place, nous disait que mon amie était inconsciente, que cette force et cette voix ne venaient pas d'elle. On a tenté de joindre l'aumônier du service de police, sans

sédé, et son suicide n'a servi à rien. Les gens doivent savoir que son cas n'est pas unique, les hôpitaux psychiatriques en sont pleins, et qu'on peut aider les victimes de possession en leur donnant l'assistance spirituelle dont ils ont besoin. ▪

www.jesannedesfees.com

Christine Lafrenière, ambulancière
«LA PATIENTE AUX SYMPTÔMES SURNATURELS»

Nous vous avons présenté la première d'une série d'entrevues sur le cas de possession dont Jésanne Desfées a été témoin. Ici, Christine Lafrenière, une ambulancière de 10 ans de métier qui était sur les lieux lors de l'exorcisme, vient corroborer le récit de Jésanne. «Un cas inexplicable médicalement.»

Quand Christine Lafrenière a reçu l'appel de son répartiteur au sujet d'une femme en pleine crise d'hystérie dans un immeuble de Gatineau, elle était loin de se douter de ce qui l'attendait à l'intérieur de l'appartement n° 6. En 10 ans de métier, elle n'avait jamais été confrontée à un tel événement. Ses collègues ambulanciers et policiers non plus. Un des deux policiers appelés sur les lieux a aussi accepté de nous raconter son cauchemar, mais il refuse d'être identifié. Grand gaillard de 240 livres, il raconte avoir été littéralement levé de terre par cette petite femme qui en pesait à peine 120, alors que quatre hommes tentaient de la maîtriser. «Je peux vous dire que j'ai vu le diable», a-t-il laissé tomber

en fin d'entretien, après avoir corroboré tous les faits décrits dans le livre *Histoire vraie*, de Jésanne Desfées. Il se rappelle notamment «les odeurs de mort à donner la nausée, la langue noire et l'écume sortant de la bouche de la femme possédée et ces marques laissées au plafond et sur les murs parce qu'elle «revolait» partout dans le logement.» Son collègue policier confirme également tout ce qui est écrit dans le bouquin au sujet de ce cas de «possession».

Christine, racontes-nous ce que tu as vu en entrant dans le logement.
D'abord, on pouvait entendre crier au meurtre de l'extérieur du bloc. Quand on est entrés,

on a vu la femme, Vanessa, étendue sur le plancher de la cuisine, en crise d'hyperventilation. Son chum, son amie Jésanne et deux policiers étaient sur place. Premier réflexe, j'ai voulu faire en sorte que la patiente contrôle sa respiration, puisqu'elle avait un rythme de 50 à 60 inspirations par minute. Puis, elle s'est mise à crier de baisser la lumière et elle a perdu connaissance. Je me suis approchée pour intervenir quand, tout à coup, elle a repris conscience. Ce que j'ai ressenti, je ne peux l'exprimer, mais ce n'était vraiment pas agréable. Son regard était noir, ça m'a tellement saisie que j'ai reculé et fait tomber la chaise derrière moi. Dépassée par l'absence d'explication médicale, je suis sortie de la pièce pour reprendre mes sens.

Comment ta patiente a-t-elle réagi?

Elle s'est mise à ramper, puis elle s'est dressée sur ses bottes comme un serpent se lève sur sa queue! Un des policiers m'a alors demandé si je croyais aux manifestations Poltergeist. À son avis, c'était un cas de possession. J'ai appelé mon répartiteur pour lui expliquer à quoi on avait affaire. À ma grande surprise, il m'a répondu que ça se pouvait, qu'il avait déjà vu ce genre de diagnostic écrit sur des dossiers de patients admis dans des hôpitaux à Montréal.

Pourquoi ne pas l'avoir amenée à l'hôpital?

Il fallait d'abord la stabiliser – même si les symptômes dépassaient tout ce que je connaissais – et la maîtriser, ce qu'on n'arrivait pas à faire, car elle se débattait comme un diable dans l'eau bénite, c'est le cas

«Ça m'a tellement saisie que j'ai reculé et fait tomber la chaise derrière moi»

de le dire. À un moment donné, j'ai rassemblé mes forces et je lui ai demandé à qui je m'adressais. Elle m'a fixé avec ses yeux noirs et m'a répondu d'une voix d'outre-tombe dans une langue que je ne connaissais pas. J'étais tellement estomaquée par ce regard glacial, je ne voyais plus d'âme dans ces yeux-là! Puisqu'on ne pouvait pas joindre le prêtre du service de police, c'est une médium qui a fait l'exorcisme.

Que s'est-il passé après l'exorcisme?

Après le rituel de la médium, Vanessa est revenue à elle comme si rien ne s'était passé! Mais on pouvait sentir une lourdeur dans la pièce. Je lui ai demandé si elle avait mal quelque part et si elle voulait être transportée à l'hôpital. Elle a refusé, se plaignant d'une simple douleur au poignet! Et sa voix était complètement différente. Aucun être humain normal ne peut se relever indemne d'une crise d'hyperventilation comme celle-là.

En avez-vous reparlé entre vous?

Le service de police nous a offert un débriefing de l'événement. Un des deux policiers était assis, une croix entre les arrivés chez elle, à 10 h 30 le soir, la petite nous a dit que des «esprits méchants» lui parlaient. Elle était tellement cernée, elle en faisait pitié. Puisque j'avais pris le temps de lire et de me renseigner auprès d'une amie médium sur les cas de possession, je lui ai donné le truc de réciter le *Notre Père*. C'est une prière très puissante, qu'on soit religieux ou non. Quelques jours plus tard, tout était revenu à la normale pour cette enfant!

«La petite nous a dit que des esprits méchants lui parlaient»

doigts, et il pleurait. Chacun notre tour, on a expliqué ce qu'on avait vécu à une psychologue, qui a conclu à la psychose collective. J'étais si en colère d'entendre ça que je lui ai envoyé sèchement: «C'est pas parce que tu ne peux pas expliquer le phénomène qu'il s'agit d'une psychose!» On nous a alors offert de l'aide plus poussée en paranormal, mais il n'y a pas eu de suivi.

As-tu déjà revécu une situation semblable?

Oui, à quelques reprises. Peu de temps après, d'ailleurs, on a reçu un appel concernant une fillette qui ne dormait plus depuis… trois ans! Je me suis demandé pourquoi la mère appelait le 911. Au fond, qu'est-ce que des ambulanciers pouvaient faire? Quand on est

Ces événements ont complètement changé ma vie et la perception que j'avais de plusieurs cas de psychiatrie. ◾

Nicole Laurin, médium
FACE-À-FACE
AVEC LE «DIABLE»

Voici l'ultime témoignage sur les événements étranges survenus à Gatineau: celui de Nicole, médium que la police a appelée pour qu'elle vienne au chevet de Vanessa, en proie à une transe effrayante. Une expérience qui l'a hantée pendant des années.

Un soir, alors qu'elle revenait d'une visite au musée avec sa famille, Nicole Laurin a reçu un appel étrange d'un policier de Gatineau, qui la sommait de venir exorciser une amie de Jésanne Desfées, cette mère courageuse dont le récit, semblant tout droit sorti d'un film d'horreur, fait l'objet d'un livre intitulé *Histoire Vraie*. Nicole Laurin avait auparavant aidé Jésanne à comprendre les phénomènes paranormaux qui se manifestaient en cascade dans son appartement depuis des mois. Mais cette nuit-là, l'enchaînement des événements, dont plusieurs policiers et ambulanciers ont été témoins, a dépassé ce que Nicole avait connu auparavant. Voici sa version des faits.

Nicole, as-tu été surprise de cet appel?

En fait, je n'avais aucune raison de m'attendre à recevoir ce genre de demande à 11 h du soir, un samedi! Lorsque le téléphone a sonné la première fois, tout ce que j'entendais dans l'appareil, c'étaient des cris effrayants. J'ai donc raccroché. Au deuxième appel, c'était le policier, qui me sommait littéralement de me rendre à l'appartement de Jésanne Desfées pour assister l'équipe. Je dois dire toutefois que la veille, j'avais fait un rêve dans lequel on m'avertissait que j'allais bientôt affronter le Mal. Arrivée sur place, j'ai senti que l'entité en question m'avait reconnue. Dans mon rêve, mes guides m'avaient prévenue que

je ne devais surtout pas regarder ses yeux, conseil que j'ai suivi à la lettre. Malgré ça, le spectacle demeure ce que j'ai vu de plus traumatisant. La langue de la femme, Vanessa, était toute noire et sortait de sa bouche d'un bon six pouces. Tous ceux qui ont assisté à la scène ont vu la même chose que moi. Vanessa levait de terre toute seule! À partir de ce moment, il a fallu cinq hommes pour la maîtriser,

Tout à coup, je suis entrée en transe. Ce n'était plus moi qui agissais, mais une force en moi qui était aussi puissante que cette entité négative et qui savait quoi faire à travers moi.

Et qu'a-t-elle fait, cette force en toi?
J'étais quand même consciente de ce qui se passait et, par moments, je me demandais vraiment si tout ça était possible,

«Sa langue sortait de sa bouche d'un bon 6 pouces»

alors qu'elle devait peser au maximum 120 livres.

Qu'est-ce que les policiers t'ont dit?
Ils m'ont interrogée quant à la marche à suivre et m'ont demandé si je croyais qu'elle était possédée. Ils m'ont expliqué que Vanessa marchait sur les murs et au plafond avant qu'ils ne tentent de la contrôler. Et il y avait les marques pour le prouver! J'ai commencé par leur dire que je n'étais pas prêtre, que je n'avais pas les connaissances nécessaires pour exorciser une personne possédée, mais que j'avais la foi. Ils ont alors transporté Vanessa jusqu'à la cuisine pour que j'intervienne. C'était vraiment surréel. Il flottait des odeurs horribles et inexplicables dans l'appartement. Un des policiers vomissait, c'était la panique.

si les policiers n'étaient pas simplement en train de me jouer un bien mauvais tour. Ils ont placé la femme à plat ventre sur le plancher et même dans cette position, on pouvait voir sa langue se promener partout à terre. J'avais très peur, mais j'ai prié pour demander de l'aide. J'ai fait un cercle de sel autour d'elle et j'ai fait brûler de l'encens. Tout son corps réagissait quand je le diffusais au-dessus d'elle. Puis, je me suis agenouillée et j'ai posé mes mains sur sa tête malgré le fait que sa langue pouvait presque me toucher. J'ai ensuite récité le *Notre Père*. C'est une prière très puissante, pour autant qu'on en soit convaincu.

Combien de temps la scène a-t-elle duré?
Au bout de cinq à sept minutes, Vanessa est sortie de sa transe.

Sa voix est redevenue normale, et elle se demandait tout bonnement ce que nous faisions tous là à la regarder! Je lui ai dit de rester assise, et c'est à ce moment que j'ai eu une vision. Je la voyais participer à des rituels de sorcellerie de toutes sortes. Je lui ai demandé dans quoi elle avait baigné. Elle m'a répondu, surprise: «Comment fais-tu pour savoir ça?» *(NDLR: Toutes les sources nous ont con-*

Comment as-tu vécu les lendemains de ce cauchemar?

Même s'il n'y a plus rien qui m'étonne dans le monde astral, cet événement a provoqué chez moi des peurs et des blocages parce que je n'avais jamais rien vu d'aussi démoniaque de toute ma vie. Quand on est médium, on est en quelque sorte une antenne, une porte ouverte pour ces entités. Cette «chose» m'a causé d'autres ennuis par la

«Vanessa levait de terre toute seule»

firmé que l'alcool et la drogue n'étaient pas en cause.) Mais le travail n'était pas fini. Même si l'entité était sortie de son corps, elle était encore dans l'appartement.

Comment pouvais-tu le savoir?

J'ai fait le tour des lieux avec l'autre ambulancier. Quand ce dernier est entré dans la chambre du bébé (qui n'était plus dans l'appartement), il a poussé un cri de mort. Il disait à tout le monde de sortir parce que le «monstre était dans la chambre»! J'ai demandé à tous ceux qui étaient là de se calmer, de ne pas alimenter l'entité par la peur et, pour ne pas me substituer à qui que ce soit, j'ai conseillé aux policiers d'envoyer l'aumônier le lendemain afin de «nettoyer la place» des mauvais esprits, ce qui a été fait.

suite. Un matin, par exemple, après un voyage astral durant lequel j'avais eu à l'affronter une autre fois, j'ai retrouvé toutes mes croix brisées en deux. C'est la prière qui m'a permis de m'en sortir. ▪

nikovoyante@hotmail.com

Louis-Philippe Hébert, médium

GUIDER LES ESPRITS ERRANTS VERS LA LUMIÈRE

Dans cet autre reportage sur le phénomène de la «possession», Louis-Philippe Hébert, cofondateur du centre spirite Espace Espirita, à Montréal, nous explique comment son groupe de médiums et lui interviennent auprès des personnes aux prises avec de mauvais esprits. Nouvel éclairage sur ce mal tabou.

Médium depuis sa tendre enfance, l'artiste Louis-Philippe Hébert (Louphi pour la scène) est un homme engagé. Toutes les semaines, il se joint à un groupe de médiums bénévoles pour offrir une assistance spirituelle aux personnes aux prises avec des âmes errantes qui les obsèdent. Se basant, entre autres, sur les enseignements du scientifique Allan Kardec et sur le livre du docteure Marlene Nobre *Les masques de l'obsession*, ils unissent leurs forces pour «négocier» avec ces âmes et les aider à trouver leur lumière. Pour Louis-Philippe, les cas de possession que nous avons présentés dans nos dernières chroniques sont bel et bien réels. Il nous explique son point de vue.

Louis-Philippe, comment les spirites expliquent-ils les cas de possession?
Pour qu'il y ait des manifestations physiques – par exemple, des chaises qui bougent toutes seules ou des revues qui tombent d'elles-mêmes sur le plancher –, il faut que la personne qui est témoin de ces phénomènes soit aussi ce qu'on appelle «médium à effets physiques». Plus clairement, il faut que les esprits qui entourent cette personne puissent puiser dans son énergie – son ectoplasme – afin de faire bouger les objets. Prenons le cas que vous avez rapporté de cette femme qui marchait sur les murs. Même si elle n'en a pas conscience, elle est médium, et les esprits qui veulent se

servir d'elle pour se manifester doivent utiliser son potentiel énergétique. Un esprit ne peut pas déplacer seul des objets ou des gens. Il doit y avoir un lien entre les deux mondes, d'où le nom de médium. D'ailleurs, tout le monde est médium à un degré ou à un autre.

Est-ce que ce sont des phénomènes fréquents, selon toi?

On ne voit pas ça tous les jours

entre dans une pièce, ce n'est pas un signe de grand pouvoir médiumnique; il s'agit bien plus d'un manque d'éducation! À l'opposé, si on prend le cas du frère André – qui, lui, avait élevé ses pensées dans l'amour – il réussissait grâce à sa médiumnité «à effets physiques» à guérir les gens.

Que sont, selon la doctrine spirite, les esprits qu'on appelle diaboliques?

«On ne voit pas ça au coin de la rue tous les jours, mais il y en a beaucoup»

au coin de la rue, mais il y en a beaucoup plus qu'on pense. Pour vous faire un cours de spiritisme 101, je dirai ceci: quand un corps meurt, sa structure biomagnétique survit. Nous appelons ce corps astral le «périsprit». Une personne qui est médium et qui entretient des vibrations basses peut attirer des esprits qui ne sont pas là pour faire le bien. Ceux qui pataugent dans le vaudou ou la magie noire, par exemple, sont dans des énergies de très basses vibrations, ce qui se traduit par des effets physiques négatifs de subjugation, caractéristiques des cas dont vous avez parlé. Ce sont des médiums qui ont besoin de s'éduquer et d'élever leurs vibrations. Si quelqu'un se vante de pouvoir faire «revoler» les chaudrons quand il

Un esprit n'agit pas seul. Ceux dont tu as parlé dans ta série d'articles forment souvent un groupe de désincarnés qui ignorent ce qui est bien. Quand on meurt, on ne s'en va pas automatiquement dans la lumière. Celui qui a commis des atrocités sur la Terre se retrouve de l'autre côté dans les mêmes vibrations que celles qu'il a vécues ici. Il y a donc des millions de personnes qui restent dans ces basses fréquences pour foutre le bordel. Plusieurs d'entre elles ne savent même pas qu'elles sont mortes. Elles se collent sur des gens qui leur ressemblent. Dans le cas de la femme de Gatineau, je ne pense pas qu'il s'agissait d'un esprit seul et puissant. C'était sûrement toute une gang qui la manipulait!

Peux-tu nous donner un exemple de cas que vous avez eu à traiter à votre centre?

Nous avons notamment aidé, à la demande de sa mère, une adolescente suicidaire qui était dans un hôpital psychiatrique. Pendant la séance – que l'on appelle «séance de désobsession» –, un groupe composé d'une centaine d'âmes s'est présenté. L'adolescente avait des problèmes de drogue et des médiums, par exemple, nous travaillons deux par deux. L'un reçoit l'information, et l'autre oriente les esprits. Nous sommes également aidés par nos guides, qui nous amènent les esprits souffrants et nous inspirent. Ça devient ensuite de la psychologie. Nous négocions avec les esprits, nous les amenons à voir qu'ils font du tort et qu'ils peuvent trouver la lumière. Nous réussissons ainsi à résoudre au moins

«Nous sommes aidés par nos guides»

relations difficiles. Elle était donc réceptive aux vibrations du bas astral. Elle avait en plus un certain potentiel médiumnique, ce qui lui permettait de recevoir ces esprits. En quelques séances, nous avons réussi à changer un peu la vibration de ces âmes, et celles-ci ont pu se tourner vers des guides plus lumineux, qui les ont pris en charge.

Comment se passe une séance de «désobsession»?

Nous recevons les demandes par écrit au centre. La personne n'est pas présente à la séance, et un seul médium est au courant du contenu de la demande, cela afin d'éviter que le côté subjectif soit trop important. Nous ne savons donc pas qui ni quoi nous traitons. Si nous sommes six

un cas d'obsession sur deux. ▪

www.espaceespirita.com

Gabriel Arsenault

30 ANS À DÉBUSQUER SATAN

Lui-même «hanté par des forces sataniques» qui l'ont mené à faire un *burnout* pendant plus d'un an, Gabriel Arsenault, 78 ans, a passé les 30 dernières années de sa vie à aider les gens qui se croyaient possédés. Parcours d'un combattant.

Dur, dur, le métier de prêtre exorciste. Si vous appelez à l'archevêché de Montréal pour une consultation, on vous réfère à Québec, où le prêtre exorciste est en congé de maladie. Celui de Trois-Rivières aussi a dû cesser ses activités pour cause de maladie. On vous envoie donc à Saint-Henri-de-Lévis vers le père Gabriel Arsenault, prêtre depuis 50 ans. Et, même s'il n'est pas officiellement nommé par l'évêque pour exercer les fonctions d'exorciste, il en a vu de toutes les couleurs au cours de sa carrière.

Père Arsenault, expliquez-nous le processus de nomination des prêtres exorcistes de l'Église catholique.

Ces prêtres sont nommés par l'évêque. Celui-ci choisit des prêtres d'expérience qui sont avant tout des hommes de Dieu, très proches du Seigneur et, surtout, discrets et équilibrés. Normalement, il devrait y avoir un prêtre exorciste dans chaque diocèse, mais dans la réalité, cette fonction est difficile et peu de gens peuvent l'exercer. Ces prêtres sont les seuls à pouvoir prononcer les prières liturgiques et pratiquer le rituel d'exorcisme.

Avez-vous déjà eu des cas de «possession» à traiter?

Il y a différents degrés de possession. Je peux vous donner l'exemple d'une femme qui, comme celle dont vous avez parlé dans votre série sur ce

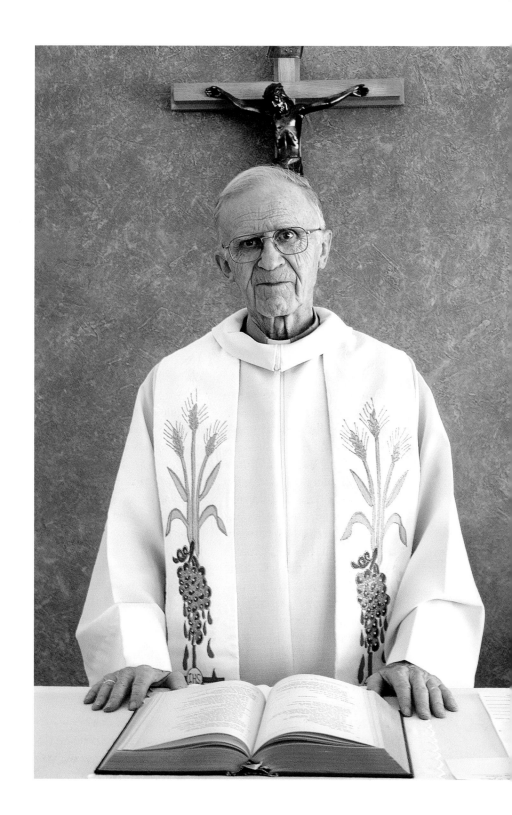

sujet, était en proie à une transe épouvantable. Elle parlait d'une voix caverneuse et possédait une force surhumaine, assez puissante pour nous jeter par terre alors que nous étions trois à tenter de la maîtriser. Nous avons fait des prières de délivrance ou, si vous préférez, des prières d'autorité au nom de Jésus afin de libérer cette personne de l'emprise de Satan. Il nous a fallu

mieux ce que je veux dire. Ce phénomène est souvent physique ou psychique. De la dépression jusqu'à la schizophrénie, en passant par l'anorexie et la boulimie, plusieurs maladies mentales sont pour nous d'origine diabolique. Puis il y a l'obsession, où l'esprit est assiégé par des poussées intérieures incontrôlables de violence ou de sexe par exemple. Enfin, on arrive à la posses-

«Une prière de délivrance m'a guéri sur-le-champ»

deux jours pour réussir à la ramener à son état normal.

Comment différencier, selon vous, les degrés de possession?
Le Malin a plusieurs façons de nous déjouer. Dans la Bible, le diable, c'est Satan, le démon, l'Esprit du mal… Bref, il porte plusieurs noms, mais dans le fond, ce sont des anges déchus qui ont choisi de résister à Dieu. Ces anges sont puissants et brillants. Ils refusent de se soumettre à Jésus. Leur façon de nous déranger passe avant tout par les tentations: nous sommes tous tentés un jour ou l'autre de faire le mal, de dévier de notre bonne conscience pour causer du tort aux autres. Ils ont aussi une autre manière de se manifester, que j'appelle l'«oppression». Les psychologues n'aiment pas ce terme, mais c'est ce qui décrit le

sion, beaucoup plus rare, où le sujet doit carrément donner sa volonté à Satan.

Êtes-vous conscient que la profession médicale ne se prononce pas en ce sens?
Oui, mais je connais un psychiatre croyant qui soutient que, si on allait faire des exorcismes à l'hôpital psychiatrique Robert-Giffard, à Beauport, une majorité de patients seraient guéris de leur maladie mentale. J'ai rencontré un nombre incalculable de gens qui se croyaient en dépression, et quand j'ai creusé un peu pour connaître leur histoire, j'ai réalisé qu'ils avaient joué avec le diable.

Que voulez-vous dire?
Je pense à cette femme en dépression qui est venue me voir après avoir consulté des psys.

Elle avait essayé toutes sortes de pratiques occultes comme l'astrologie, la voyance, le spiritisme et autres.

Pour vous, la médiumnité et la voyance sont donc des pratiques occultes? *(NDRL: Il existe une brochure officielle de l'Église catholique où on déconseille aux fidèles d'avoir recours aux pratiques divinatoires – médiums, astrologues, voyants, maîtres Reiki, magie, etc... – qui sont, aux yeux de la religion, une porte d'entrée pour le diable.)*
Oui, elles font partie des pratiques divinatoires. Quand les gens cherchent à connaître l'avenir par ces moyens, c'est contraire à la religion parce que ça ne vient pas du Saint-Esprit. Alors, pour aider cette femme, une religieuse et moi avons prié afin de la libérer de l'emprise de Satan, qui l'avait atteinte par ces pratiques occultes. Eh bien, cette femme a vécu une guérison spontanée. Quand il s'agit d'une vraie dépression, la personne ne guérit pas instantanément. Si l'origine de la maladie est réellement psychologique, on a beau faire des prières pour éloigner le démon, ça ne sert à rien, il n'est pas là. Mais quand il s'agit d'oppression, une prière d'autorité au nom de Jésus libère et guérit.

Racontez-nous votre propre histoire d'oppression.
C'était il y a 30 ans, alors que j'étais curé de paroisse. Un homme m'avait demandé d'aider un membre de sa famille qu'il croyait possédé. Je ne connaissais rien là-dedans, mais j'ai fini par accepter de faire une prière pour lui et, puisque je ne savais pas comment faire, c'est moi qui ai écopé. J'ai été complètement anéanti pendant un an. On m'a alors diagnostiqué une dépression majeure. J'ai pris des antidépresseurs pendant longtemps, mais voyant qu'il n'y avait aucun changement au bout d'un an, j'ai demandé d'aller dans une maison de prières à Trois-Rivières. Là, j'ai parlé aux gens de ce que j'avais vécu, et ils ont prié pour moi. Ensemble, ils pouvaient sentir, même physiquement, ce mal qui m'écrasait. Et avec un prêtre, ils ont fait une prière de délivrance qui m'a guéri sur-le-champ. Pour moi, ce n'était donc pas une dépression, mais bien une forme d'oppression diabolique.

Est-ce cette expérience qui vous a permis d'aider les autres depuis 30 ans?
J'ai étudié en théologie pendant six ans à l'université et je n'avais jamais entendu parler de quoi que ce soit dans le domaine des exorcismes. Alors, oui, c'est comme ça que le Seigneur nous prépare pour ce genre de ministère. Je devais le vivre pour mieux le comprendre. ■

Table des matières
ENTEVUES
PAR CATÉGORIES

Achevé d'imprimer au Canada par
Marquis Imprimeur Inc.